MW01515451

El poder curativo del
color

Ninguna parte de esta publicación, incluido el diseño de la cubierta, puede ser reproducida, almacenada, transmitida o utilizada en manera alguna por ningún medio, ya sea eléctrico, químico, mecánico, óptico, de grabación o electrográfico, sin el previo consentimiento por escrito del editor.

Título original: COLOUR MEDITATIONS
Diseño de portada: Bernard Design

© S. G. J. Ouseley, 1949

© de la presente edición
EDITORIAL SIRIO, S.A.   Nirvana Libros S.A. de C.V.   Ed. Sirio Argentina
C/ Panaderos, 9   Calle Castilla, nº 229   C/ Castillo, 540
29005-Málaga   Col. Alamos   1414-Buenos Aires
España   México, D.F. 03400   (Argentina)

www.editorialsirio.com
E-Mail: sirio@editorialsirio.com

I.S.B.N.: 84-7808-465-7
Depósito Legal: B-6.503-2006

Impreso en los talleres gráficos de Romanya/Valls
Verdaguer 1, 08786-Capellades (Barcelona)

Printed in Spain

S.G.J. Ouseley

El poder curativo del
color

editorial Sirio, s.a.

Capítulo I

El poder del
color

Todo el mundo suele tener ideas y sensaciones muy definidas sobre el color. La atracción a éste surge de la consciencia interior del individuo.

La sensibilidad hacia el color varía según las personas; mientras unos son atraídos e incluso fascinados por ciertos tonos, otros sienten repulsión o no son alterados por las mismas vibraciones.

Es evidente que el color ejerce una poderosa influencia sobre las mentes y las emociones. No se trata de un fenómeno estático carente de vida, como muchas personas, en su ignorancia, suponen. En realidad es una fuerza vital, una fuerza y una influencia intensa en nuestras vidas. Lógicamente, la primera duda que se plantea es la siguiente: ¿qué es el color?, ¿qué entendemos por ello y por qué nos molestamos en estudiarlo?

La ciencia nos contesta que aquello que llamamos color es un modo de vibración de la luz y que toda materia irradia luz. Toda materia es luminosa y, por tanto, tiene una vibración cromática. Es de vital importancia darse cuenta de que toda materia emite radiaciones y vibraciones permanentes que nos afectan.

La luz se puede definir como energía radiante. La ciencia del color se basa en los fundamentos de que la materia y la luz no se pueden separar, y que cuando una materia sólida se reduce a su esencia, se convierte en una radiación idéntica a su luz. Por tanto, la luz y la materia tienen un origen común.

Esta interesante afirmación de la ciencia moderna coincide con las enseñanzas de los antiguos ocultistas, que mantenían que el Universo evolucionó a partir del Fuego Cósmico primitivo o Gran Luz Blanca, que es una emanación del Ser Divino, el origen de todas las luces.

El Bhagavad Ghita habla de la luz imperecedera. «He aquí mi Forma, variada en modos, variada en colores». Para los sabios hindúes, Dios es «El Radiante».

Según la Ciencia Oculta, la Luz Blanca del Espíritu eclosiona del Tercer Logos, la mente divina manifestada bajo la forma de Siete Rayos: los Siete Espíritus de la Luz, cada uno de ellos con sus subordinados. La combinación de los Siete Rayos Principales da lugar a los colores básicos (inteligencias vibratorias, espíritus).

Pero dejemos a un lado los aspectos trascendentales. La Ciencia del Color tiene muchos campos y aplicaciones. Por un lado, encontramos la capacidad médica y curativa, representada por los tratamientos cromáticos y las terapias de rayos; por otro, podemos detenernos en la psicología, el estudio de la influencia del color sobre la mente y las emociones; tampoco debemos olvidar el esoterismo, con la simbología y los atributos del color, sin prescindir de los aspectos cromáticos del aura.

En realidad, la Ciencia del Color forma parte de la Ciencia de la Mente; el color es, básicamente, un concepto mental. Cada color y cada tono tiene un poder y una simbología propia. Pero estamos moviéndonos entre definiciones complicadas; volvamos a la literatura antigua. Por poner un ejemplo, en el Egipto faraónico se escribieron algunos manuscritos sagrados con colores. Los únicos que conocían el auténtico significado de la simbología esotérica eran los sacerdotes.

La finalidad de la Ciencia Esotérica del Color es llevar al aura los siete rayos puros, las siete joyas de los yoguis con el fin de que el cuerpo, el alma y el espíritu sean revitalizados, limpiados de defectos y flaquezas, transformados e inspirados desde su interior.

Al estudiar el color, nos sorprenderá pronto el hecho de que el Número Siete Místico aparece desde el principio en los Siete Rayos. La Ciencia del Color se basa en el siete tanto como la propia naturaleza humana en la constitución séptupla.

Cada color tiene siete aspectos. Todos ellos vivifican y animan, sanan, iluminan, recargan de energía, inspiran y satisfacen. El ejemplo del Rayo Rojo (el Rayo de la Vida) lo ilustra. Principalmente, influye en el cuerpo físico, pero actúa sobre el astral, el espiritual y el mental al mismo tiempo.

Portador del elemento vital, el rojo revitaliza toda materia viviente. Un cuerpo privado de este rayo muere. Es un agente curativo para las afecciones de la sangre y la circulación, la debilidad y la depresión. Algunas de sus vibraciones afectan a la mente subconsciente, sacando a flor de piel instintos y deseos primitivos; también nos recarga de energía, fuerza vital, vigor y fuerza física. Inspira cualidades heroicas como el coraje, el amor, el deseo de aventura y el entusiasmo, y alimenta el espíritu pionero.

Cuando está presente en el aura revela ambición, liderazgo, sociabilidad y generosidad. La influencia total del Rayo Rojo da lugar al hombre activo, valiente y optimista.

Al otro lado de la gama cromática nos encontramos con el color tranquilo y fugaz de la amatista, la vibración más pura del Rayo Violeta. Pertenece al grupo de los lilavioláceos. Es el rayo del poder espiritual. A diferencia del rojo, su influencia actúa sobre el centro superior del hombre: el chakra coronario o glándula pituitaria.

El amatista reanima la naturaleza espiritual del hombre con el poder vital y amplía la conciencia del alma. Es una vibración magnética positiva, pero no es física. El alma privada del amatista o Rayo Violeta acaba seca y estéril.

El violeta y su color semejante, púrpura, poseen capacidades curativas importantes sobre el cerebro y los nervios. Son estimulantes para la naturaleza espiritual y su fuerza purificadora es considerable. Se pueden recomendar en los casos de insomnio, porque los sentidos sucumben rápidamente ante sus influencias. El efecto sobre la glándula pituitaria estimula el centro intuitivo de la percepción espiritual. Su ayuda en la meditación y la concentración espiritual es notable. Wagner se rodeaba de amuletos y objetos de estos colores cuando componía música de la más alta calidad espiritual.

El Rayo Amatista suministra alimento a todas las células del cerebro superior, que abre el horizonte de nuestro Conocimiento Divino.

El violeta inspira los ideales más altruistas del hombre: el arte, la música, la literatura, etc. Estimula el deseo de bienestar para la humanidad. En el aura es sinónimo de idealismo, misticismo puro y cualidades espirituales. Su influencia máxima se encarna en el gran profeta, el poeta, el místico inspirado, el músico y el maestro.

A la mitad del espectro cromático se encuentra el Rayo Verde, piedra angular de nuestro planeta y color de la naturaleza. La radiación verde es fundamental para la salud y la felicidad. Es el color del equilibrio y la armonía. Para la mística hindú, este rayo es el contrapeso de la ley de causa y efecto.

En el campo de la medicina, su influencia se deja sentir en el corazón y en la presión arterial y, en el ámbito de la psicología, en las emociones. Vivifica y repone la sangre y los nervios con el magnetismo de la naturaleza. La vibración verde cura las dolencias coronarias, los complejos emocionales y tranquiliza los nervios de la cabeza. Una lámpara tenue de este color es un remedio estupendo para la jaqueca. Es recomendable la absorción de toda la vibración posible a través de luces, ropas y decoración, y alimentándonos de vegetales.

El verde abre e ilumina la mente y el espíritu con la Sabiduría del Rayo Amarillo y la Verdad del Azul, que son los colores que lo componen. Se encuentra en gran proporción en el *prana* esmeralda vital, la energía inagotable de la naturaleza. Irradia armonía y paz en el plano interior o subjetivo y proporciona éxito y progreso en el exterior u objetivo. Las vibraciones cromáticas tienen un aspecto objetivo que afecta a nuestra vida externa y nuestra personalidad, y otro interno, que actúa sobre la mente interior y las sensaciones. La influencia del Rayo Verde llevada a sus últimas consecuencias da lugar, en el plano subjetivo, al hombre de mente equilibrada, paz, armonía, simpatía y generosidad. La vida de Cristo ilustra la mayoría de las cualidades de este Rayo.

Estos tres ejemplos demuestran las posibilidades de los Rayos y el poder e influencia que encierran. Lo cierto es que los Rayos Superiores o super-físicos son emanaciones de la Gran Luz Blanca del Ser Eterno. Las grandes vibraciones cromáticas son corrientes de energía con funciones y propósitos generales, pero individuales. Por tanto, el color es una fuerza con siete caminos que se ramifican en numerosas sendas y veredas. Todo ser humano se encarna bajo un rayo y recibe la influencia de sus subordinados. La manifestación visual de los rayos y vibraciones del hombre es el aura, la radiación luminosa que rodea a todas las criaturas. El aura es la clave de la verdadera personalidad; es la expresión visible de la mente, el alma y el espíritu, los poderes, capacidades, aspiraciones, tendencias y talentos. Según sea ésta, su personalidad será radiante, vital y posesiva; o será fuente de inspiración y salud para los demás; o su luz interna iluminará el exterior.

Capítulo II

La ciencia del
color cósmico

No hay rama de la ciencia que el verdadero estudioso encuentre más interesante e instructiva que la del color y su relación con la vida.

La acepción más cierta de la palabra «color» es vida. La sinfonía de colores que el Universo nos regala por todos lados es la expresión visible de la Mente Divina. Es la manifestación cósmica del Principio de la Vida Única bajo la forma de ondas de luz.

Toda luz es una emanación del Sol, y el color es una forma de diferenciar esta luz original según su vibración.

La Ciencia Oculta nos enseña que el Universo que conocemos es un todo, pero que cada parte separada u orgánica se manifiesta en el plano físico gracias a la Fuerza Cósmica.

En esta Fuerza Cósmica hay tres haces de luz de una clase, intensidad y reflejos muchísimo mayores, que son los colores que nos resultan familiares. El color es el alma real del Universo. Según Paracelso y otros grandes Maestros de la Sabiduría Secreta, cuando se inicia un ciclo vital del Universo surge, al principio, una vibración rápida de colores destellantes, una espiral de color infinita. Esta espiral es portadora de una fuerza cósmica poderosa que transforma la energía espiritual en sustancia física y al contrario.

El sol, que irradia el gran océano de la luz, es el almacén de todas las energías y poderes, asimismo es el origen de la luz, la vida, el color y el movimiento que se dan en nuestro planeta. Teniendo esto en cuenta, podremos apreciar la cantidad de energía luminosa y de radiación cromática que guarda. Al estudiar el color también estudiamos una fuerza cósmica de poder desmedido e infinito. Más tarde veremos que el color entra y casi penetra la vida desde todos los planos de la consciencia.

Los antiguos egipcios eran conscientes de este poder e influencia. Por ello, en sus templos y Escuelas de Sabiduría, como Karnak o Tebas, tenían algunas salas de color, en las que estudiaban y aplicaban minuciosamente los efectos de las vibraciones.

Los sacerdotes egipcios, herederos y guardianes de la sabiduría esotérica de una época pasada, dejaron manuscritos que nos muestran su avanzado sistema de la Ciencia del Color. Llegaron, incluso, a aplicar la Ley de Correspondencia entre la naturaleza séptuple del hombre y la división del espectro solar en siete haces.

Sin embargo, al pueblo no le mostraron la doctrina esotérica de la luz y el color completa, aunque sí le enseñaron más de lo que pudo asimilar. Hace miles de años, los Maestros del Templo difundieron que los colores primarios eran el rojo, el amarillo y el azul, y que correspondían al cuerpo, el alma (la mente) y el espíritu del hombre. Esta sencilla clasificación todavía no ha sido desmentida, aunque se ha ampliado. *La Visión de Hermes* es un poema filosófico muy interesante que sirve como ejemplo del conocimiento oculto de los colores que poseían los sacerdotes de los grandes templos de enseñanza.

Las doctrinas secretas de los místicos chinos e hindúes también contemplan el estudio del color.

Aunque expresados de forma diferente, e incluso bajo simbología variada, los ocultistas del pasado tenían la misma base de conocimiento del color que nosotros. La Ciencia del Color se basa en las leyes de la luz, como manifiestan los Siete Rayos Vibratorios Superiores. Los Rayos del Color están íntimamente relacionados con los siete modos de manifestación, y con los siete centros glandulares principales del cuerpo humano.

Igual que hay un significado esotérico (interior) y otro exotérico (exterior) de todos los fenómenos de la naturaleza, hay una interpretación exotérica de los rayos visibles que abarca el espectro luminoso. Hablando de forma más clara, se sabe que el sol irradia haces de luz blanca que se pueden descomponer en siete partes de diferente longitud de onda.

Desde el punto de vista esotérico, la luz blanca (sol espiritual) entra en la consciencia del alma a través del aura y se divide en los siete colores que la componen, infiltrándose cada uno de ellos en el centro espiritual conveniente para cargarlo de fuerza y vitalidad.

Los Siete Rayos Superiores son los siguientes:

1. Rojo
2. Naranja
3. Amarillo
4. Verde
5. Azul
6. Añil
7. Violeta

Estos Siete Rayos son algo más que ondas vibrantes de luz. En pocas palabras, el espectro es un *epítome* de la evolución del Universo. Cada uno de los siete Rayos representa un período de la evolución.

Los Siete Rayos son la manifestación de los siete Grandes Períodos Cósmicos. La Gran Inteligencia Espiritual que guía esa evolución y que se conoce como Señor de la Luz, también se llama Señor de los Siete Rayos.

En realidad, son fuerzas de poder y utilidad infinita que emanan del Origen Supremo, la Gran Luz Blanca, y son guiados por inteligencias todopoderosas. En el espíritu de los Rayos se encuentran todas las posibilidades de las facultades y poderes dinámicos Supremos.

Los Siete Períodos Cósmicos son las condiciones por las que ha tenido que pasar y pasará todo el Universo. Igualmente ocurre con las almas individuales, que se encarnan en varias ocasiones.

El ocultismo cree que, al principio, el espacio se llenó del aura del Creador Supremo, calando de Fuerza Divina cada átomo del Cosmos. Así, del Aura Divina surgió la primera luz, que eligió el Ser Supremo como Vehículo y Poder Creativo.

Todo el planeta, los océanos, la tierra, todas las manifestaciones minerales, vegetales, animales y humanas dependen para su existencia de la luz y de sus propiedades y radiaciones asombrosas.

Pero no ocurre sólo en el mundo físico, el plano terreno material. Los mundos superiores que constituyen el Universo etéreo, astral, mental y espiritual dependen del mismo origen de luz y poseen un campo de vibración diferente.

Volviendo a los Siete Rayos Superiores, los ocultistas consideran que en ellos se da una escala ascendente en el progreso de la evolución.

Los primeros tres períodos, que corresponden a los Rayos rojo, naranja y amarillo, ya han pasado. Ahora mismo nos encontramos en la época cuarta, o del Rayo Verde, a mitad de camino entre los estadios inferiores de luchas y experiencias amargas y las fases superiores de crecimiento del alma y de facultades espirituales.

La Sabiduría Cósmica nos demuestra que, en apariencia, todavía no hemos alcanzado el nadir del materialismo, el futuro parece ser un avance ascendente hacia la vibración superior del Rayo Azul para, posteriormente, llegar a las condiciones más propicias y etéreas del Añil y el Violeta, cuando la Manifestación del Séptimo Rayo se haya extinguido.

Respiración del color

La Respiración del Color es la comprensión de que los Rayos de Color Universales son radiados constantemente por el Sol, los planetas, la Tierra, el éter, etc.

A los estudiantes de la Ciencia del Color se les invita a practicar la respiración mediante la concentración mental en los rayos beneficiosos que se encuentran en el espectro universal. Deben ser inhalados de modo consciente, para que todo el ser y sus naturalezas física, astral, mental y espiritual se empapen.

Durante el ejercicio es conveniente repetir mentalmente la afirmación apropiada de cada color.

Esta práctica es de incalculable ayuda para abrir la consciencia y la sensibilidad de las facultades del alma. El estudiante diligente recogerá los frutos en forma de paz interior, renovación física y psíquica, y mejora de la salud en general.

El método es muy simple y debe preceder a cada lección de la Ciencia del Color.

Siéntese con la espalda recta en una silla cómoda y delante de una ventana abierta. Deje que el cuerpo se relaje mientras se inclina hacia delante, con los brazos lánguidos y expulse todo el aire de los pulmones. Ahora inspire lentamente a la vez que adquiere de nuevo la posición vertical, concentrando la mente en algún punto de la frente (este es el cuerpo pituitario que será explicado en un capítulo posterior).

Mantenga el aire y cuente hasta doce tranquilamente, pronto se percatará de que la cuenta se vuelve automática, dejando la mente libre para meditar sobre la nueva fuerza, vida y armonía de los colores que inundan todo su ser.

Repita el ejercicio varias veces. Con el tiempo será capaz de respirar profundamente meditando sobre una afirmación conveniente y visualizando los colores determinados que quiera desarrollar.

Se dará cuenta de que si este ejercicio se lleva a cabo con regularidad, todo su ser se llenará de vida nueva e, incluso, desarrollará la capacidad de ver el aura.

Al ser un poder divino, el color es una fuerza vital. Trabaja mediante nosotros y en nosotros: en cada célula, nervio, glándula y músculo; brilla en el aura y se irradia sobre nosotros desde la atmósfera. En los cuerpos superiores es un poder activo que ejerce su influencia sobre la consciencia mental, el alma y el espíritu.

El valor de una fuerza como el color reside en que, en esencia, es espiritual. Hablando en un sentido más estricto, no necesitamos ningún sistema o aparato material, a menos que sea útil para potenciar los tratamientos de color. Los únicos requisitos fundamentales son una consciencia abierta a las influencias espirituales y una mente capaz de concentrarse.

Resumen
(Para crear la base de las afirmaciones)

1. El Color es una Fuerza Vital. Es la manifestación de la Mente Divina. Es la Vibración Cósmica Original.
2. El Color es el Alma del Universo. Lo irradia el Sol Central como si fuese un gran océano de Luz. Es una fuerza de poder inmenso e infinito.
3. Los Siete Rayos de Color Superiores llenan el espacio e inundan mi alma y mi ser. Son la manifestación de los Siete Grandes Períodos Cósmicos y se corresponden con los Siete Grandes Centros Glandulares del cuerpo.
4. En el Espíritu de los Rayos se hallan todos los poderes del Ser Supremo.

Meditación

Busque el silencio (que excluya de la consciencia mental todos los pensamientos materialistas, astrales o personales) y, sentado en una habitación tranquila, repita el siguiente Mantra respiratorio varias veces. Trate de sentir las afirmaciones dentro de usted.

Afirmación

Siento el Espíritu del Amor, divino y radiante, dentro de mi cuerpo, de mi alma y de mi mente. ¡Oh, Espíritu de la Luz, derrama sobre mi mente el Rayo Séptuplo de brillo y luz!

Capítulo III

El color es
una fuerza vital

esde el punto de vista científico, el color es producido por vibraciones de diferente longitud de onda. Lejos de ser algo estático u ornamental, se trata de una radiación activa y vital. Los pensamientos y sensaciones más íntimos se estremecen ante él, mientras el aura irradia continuamente tonos más o menos brillantes. El poder del color es un factor tan importante en la vida, que la ciencia médica moderna está mostrando un interés creciente en las terapias relacionadas con él, un campo, por cierto, que los egipcios ya habían estudiado y practicado.

El verdadero significado de los colores y su influencia sobre la salud y la personalidad debe ser algo importante para todos los hombres.

El temperamento tiene también mucho que ver. El color favorito de una persona no es algo tomado a capricho; se debe a un instinto subconsciente que lo motiva.

De cualquier modo, esto no es óbice para que en algún momento se tenga preferencia por una tonalidad que esté de moda, etc. Pero siempre que encontremos a alguien desprevenido y le preguntemos, nos sorprenderá la respuesta y nos indicará su carácter psicológico, sus talentos y sus debilidades. Por supuesto, habrá personas más abiertas a esta influencia que otras.

Vamos a empezar comentando los tres colores llamados primarios: el rojo del cuerpo, el amarillo del alma (la mente) y el azul del espíritu.

El rojo es el color físico por excelencia. Está relacionado con el elemento fuego, la esencia de la energía. Los Rayos Rojos controlan el centro glandular del cuerpo, que se encarga de la fuerza vital y de las funciones orgánicas. Es el portador de las pasiones humanas más vehementes (amor, odio, valentía, venganza, etc.) Como es el color de la sangre, siempre se ha tenido como símbolo de la lucha y, por supuesto, de las acciones heroicas.

Los diferentes tonos del rojo representan cualidades diversas. Los matices más oscuros suelen estar relacionados con personas de naturaleza un tanto cerrada o egoísta. Por lo general, los tonos fuertes atraen a personas arrogantes y dominantes, así como a los inclinados a la sensualidad.

Para la psicología del color, los tonos brillantes son preferibles a los oscuros. Por ejemplo, el escarlata denota generosidad y ambición. Sin duda, el rojo nos trae al recuerdo personas vigorosas y fuertes que se hacen valer y confían en sí mismas. Es el color de los extrovertidos y exhibicionistas, de las personas prácticas y realistas. El aficionado al rojo suele ser genial y activo, aunque puede llegar a la mala educación, la obstinación y la falta de consideración.

Entre los partidarios de este color se pueden contar personas de naturaleza enamoradiza, pero fundamentalmente en el plano sensual. El rojo vibra en armonía con las sensaciones y las emociones y no responde a la mente ni atiende a razones. Estas personas se llevarán bien con los que gusten del violeta, el púrpura y el dorado.

En cuanto al amarillo, representa la inteligencia, el gusto por el trabajo y el placer mental en detrimento del físico. Atrae a la gente inteligente y razonadora. Posee un efecto estimulante sobre las enfermedades, sobre todo de los nervios, ya que controla el gran centro glandular del Plexo Solar. Es el color del Sol, y su velocidad de vibración es muy elevada; por eso, su gente se caracteriza por la rapidez de pensamiento y la actividad mental elevada. La selección, la diplomacia y la alegría le son afines.

El amarillo es un buen color para escritores, artistas y creativos en general. Los tonos más mates son inspiradores. Pero toda la gama no es tan favorable. El mostaza, por ejemplo, representa naturalezas bastante extrañas, gente holgazana y de poco carácter. El amarillo oscuro también está relacionado con el engaño y la traición.

El Rayo Naranja es uno de los mejores de la gama del amarillo. Es el color de la vitalidad, de la fuerza mental y de la sabiduría. De todos modos, su uso debe ser controlado porque muy poca gente encaja en sus vibraciones. Las personas nerviosas no deberían vestirlo.

Pasando al azul, se puede decir que, tanto médica como simbólicamente, es el opuesto al rojo. Representa la armonía, tranquilidad, cortesía y felicidad. Es el color del que nace la inspiración más elevada. Lo grosero, sensual y materialista no encaja con él. Pertenece a las naturalezas etéreas y espirituales. Los tonos más oscuros representan refinamiento y pensamientos elevados. En el mundo árabe clásico se creía que era eficaz para revivir el amor perdido. Los tonos claros recuerdan simplicidad, inocencia y candor; el azul eléctrico es el magnetismo personal; el oscuro, la espiritualidad, y el añil la intuición y la percepción espiritual.

El desdén de la influencia del color en nuestra vida demuestra la ignorancia del temperamento humano; por eso, ningún individuo inteligente debe atreverse a dejar de lado sus preferencias personales.

Capítulo IV

Atributos del
color

E
l significado de los colores y su simbología vie-
ne siendo motivo de estudio desde hace mucho
tiempo. En Oriente han existido durante siglos
varias escuelas de conocimiento esotérico dedicadas a este
ámbito. En épocas posteriores, los escritores teosóficos se
encargaron de la difusión del significado oculto de las vibraciones cromáticas entre los pueblos de Occidente.

La ciencia moderna también está tomando conciencia
del fenómeno del color. El Dr. George Crile, de Cleveland
(Estados Unidos), demostró ante la Academia Nacional de
Ciencias que los tejidos del cerebro emiten una radiación
cromática cuya longitud de onda llega, incluso, más allá del
ultravioleta.

En el aura humana, el compendio de los pensamientos y las emociones del ser humano recogidos alrededor del cuerpo en forma de destellos cromáticos, el color también tiene mucho que decir.

Los Siete Rayos Principales dan lugar a siete tipos básicos de mentalidad y temperamento humano. Estos son:

Color	Característica fundamental
1. Violeta	Espiritualidad
2. Añil	Intuición
3. Azul	Misticismo
4. Verde	Armonía y simpatía
5. Amarillo	Inteligencia
6. Naranja	Energía
7. Rojo	Vitalidad

Cada uno de ellos se divide en varios derivados. Por ejemplo, el Rayo Violeta se descompone en heliotropo, amatista, orquídea, púrpura real, vistaria y espliego.

Por norma, los colores claros y brillantes simbolizan buenas cualidades, mientras que los oscuros y jaspeados denotan defectos. Los mates y pasteles representan, a su vez, los estados de consciencia más elevados o etéreos.

En el aura humana podemos encontrar gamas de color y tonos que nos indican las capacidades, hábitos y formas de ser del individuo.

La ciencia oculta mantiene que se da una correspondencia entre los colores y la constitución humana. Por supuesto, el lector sabrá que todo ser piensa y siente en diferentes planos de consciencia (que son el cuerpo físico, el astral y el espiritual) y que cada uno dispone de un vehículo o forma de expresión. Cada cuerpo o, mejor dicho, cada plano de conciencia, mantiene una actividad vital y corresponde a uno de los tres colores básicos (rojo, amarillo y azul):

1. El cuerpo físico (físico-etéreo) Rojo
2. El alma (astral-mental) Amarillo
3. El Espíritu (mental superior-espiritual) Azul

A su vez, esta trinidad es el origen de los llamados colores complementarios o secundarios:

Naranja

Verde

Añil

Violeta

De todo esto podemos sacar en claro que el Aura se basa en un principio cromático triple, del mismo modo que la propia constitución humana también es trinitaria. En consecuencia, hay un aura físico, otro astral-mental y un último espiritual.

A continuación explicaremos el significado de cada color.

Rojo

Es el símbolo de la vida, la fuerza y el vigor. Representa toda la naturaleza física. El rojo claro y brillante revela ambición, generosidad y afecto. Su exceso en el aura significa propensión a la fuerza bruta.

Rojo oscuro:	Pasión vehemente, amor, valentía, odio, cólera. Los tonos nebulosos son malos y siniestros.
Marrón rojizo:	Sensualidad, voluptuosidad.
Tonos fuertes, muy oscuros:	Egoísmo.
Rojo nebuloso:	Avaricia y crueldad.
Carmesí:	Pasiones y deseos puramente terrenales.
Escarlata:	Lujuria.

El rosa es el símbolo del amor altruista y contradice a los demás tonos oscuros y terrizos. El carmesí oscuro representa el materialismo grosero.

Naranja

Es el símbolo de la energía, la naturaleza astral-etérea. Cuando su presencia en el aura es intensa la fuerza dinámica vital rebosa.

Naranja claro brillante:	Salud y vitalidad.
Naranja oscuro:	Orgullo.
Naranja difuso:	Inteligencia precaria.

Amarillo

El símbolo de la mente y la inteligencia. El plano mental. En el aura indica un poder mental intenso.

Amarillo dorado:	Altas cualidades del alma.
Amarillo pálido:	Capacidad intelectual elevada.
Amarillo oscuro:	Celos y sospecha.
Amarillo mate:	Optimismo excesivo, mentalidad visionaria.

El color dorado en el aura es buen augurio.

Verde

Es el símbolo de la armonía y la simpatía, y representa el plano mental superior. En el aura denota individualidad, facilidad de recursos e independencia.

Verde brillante:	Don de palabra.
Verde tenue:	Prosperidad, éxito.
Verdoso:	Capacidad de adaptación, versatilidad.
Verde claro:	Simpatía.
Verde oscuro:	Engaño.
Verde oliva:	Traición, doble naturaleza.

Los matices oscuros son los más siniestros.

Azul

Simboliza la inspiración y la devoción. Está unido a la naturaleza espiritual. Si su presencia en el aura es importante, el individuo tendrá capacidades artísticas y propensión hacia lo espiritual.

Azul claro:	Sentimientos religiosos puros.
Azul mate etéreo:	Devoción y nobleza.
Azul brillante:	Lealtad y sinceridad.

Añil

Símbolo de la Frontera Mística, representa la autodoctrina, la sabiduría y la santidad.

Violeta

Es el símbolo de la espiritualidad.

Violeta oscuro:	Logros espirituales elevados y amor sagrado al resplandor divino.
Tonos liliáceos:	Conciencia cósmica y amor a la humanidad.
Violeta azulado:	Idealismo trascendental.

Significado de los colores menores

Gris claro:	Miedo.
Gris oscuro:	Convencionalismo, formalidad.
Gris plomo:	Mediocridad, falta de imaginación.
Verde grisáceo:	Engaño, duplicidad.
Gris terroso:	Depresión.
Negro:	Malicia, vicio, depravación.
Rosa:	Modestia, gentileza, altruismo.

Plata:	Versatilidad, vivacidad, movimiento. Su exceso en el aura indica inconstancia y volubilidad.
Marrón brillante:	Mente práctica.
Marrón grisáceo mate:	Egoísmo.
Marrón claro:	Avaricia.

Capítulo V

31 meditaciones sobre el color

E n el *Statement of Principles* publicado por la
Hermandad Cósmica del Color, se define el
concepto Consciencia del Color como «el despertar del Alma ante el Divino Principio del Universo, el
fundamento de la verdadera clarividencia e intuición».

El autor cree, personalmente, que este punto se aclara
con los siguientes ejercicios para el desarrollo de la Ciencia
del Color.

La intención de las meditaciones es cuádruple:

1. Desarrollar la facultad espiritual del color.
2. Desarrollar el poder de la concentración.

3. Ayudar al estudiante a aplicar el poder de la auto-curación y a sobreponerse a las condiciones adversas.

4. Crear una línea telepática entre todos los estudiantes de la Ciencia del Color.

Estas treinta y una meditaciones constituyen un curso minúsculo de entrenamiento de las Facultades del Color. Hay que llevarlo a cabo con seriedad durante un mes, con una meditación diaria. Cada ejercicio debe durar un cuarto de hora y el momento ideal es la mañana, al despertar, o bien, justo antes de acostarnos. Es fundamental tener el cuerpo y la mente serenos y adoptar una postura relajada, sentado en una silla cómoda o tumbado en una cama, iluminado por la luz tenue de una lámpara de color.

No sería un error comenzar con la Respiración del Color, que se explicó en el capítulo I del *Curso Preliminar de la Conciencia del Color*.

Repita cada meditación varias veces. La visualización mental de las escenas que se proponen en los ejercicios puede plantear alguna dificultad las primeras dos semanas, pero cuando llegue a los niveles posteriores, se sorprenderá de su propio poder mental.

Lo más importante es conseguir que las meditaciones sean radiantes y ver los colores de las imágenes visualizadas.

Si los ejercicios se ejecutan durante todo el mes con diligencia y regularidad en el orden propuesto, adquirirá el poder de la Consciencia del Color, que es la llave de un tesoro cósmico ilimitado.

Meditaciones sobre el color
Ejercicios para la Consciencia del Color

Meditación I

Visualice un campo oscuro de abetos. Al fondo, la puesta de sol en un cielo nítido y degradado irradia sus rayos destellantes sobre la capa de nieve blanca. Los rayos solares se funden desde el naranja hasta el azul del cielo, pasando por el ámbar, el amarillo y el verde. Del horizonte cuelgan unas cuantas nubes doradas y su disposición recuerda una guirnalda, una corona de gloria cósmica:

Explicación: La Radiación Divina derrama continuamente la Luz Blanca del Espíritu sobre todo ser del plano terrenal en forma de ondas de luz que varían según nuestras necesidades. La Luz brilla en la oscuridad de la materia, dispersando las nubes de la duda, el miedo y la discordia.

El Rayo del Amor Universal transforma nuestra debilidad, ignorancia y miseria, y engendra vitalidad, resplandor, sabiduría y paz. Al absorber los Rayos Cósmicos estamos convirtiendo lentamente nuestra aura en un centro de gloria.

Meditación 2

Represente mentalmente el verdor refrescante de un prado de hierba tras un baño de lluvia. Resplandece como una alfombra de terciopelo esmeralda brillante, suave y delicado. En lo alto, el cielo matutino azul se adorna con abundantes nubes en una armonía cósmica de turquesa etéreo y rosa dorado que bendice y glorifica el día.

Explicación: Las pruebas, problemas y disgustos de la vida no pueden separar el Alma de la fuente inagotable de Bondad, Placer, Alegría y Armonía que fluye continuamente sobre ella. La emanación superior debe triunfar sobre la inferior.

Cuando seamos plenamente conscientes de que los Rayos de la Verdad, la Armonía, la Belleza y la Unidad existen en el Universo y son eternos, nuestras vidas individuales cambiarán, seremos bendecidos y regenerados.

Meditación 3

Visualice el brillo del sol cayendo sobre un mar tranquilo al atardecer. Es tan suave que no se puede percibir una línea divisoria entre ambos. En la costa, cada vez más oscura, las olas rompen sin cesar contra la arena fina de la playa. Sobre el mar oscuro, en un cielo donde al llegar la noche el violeta se convierte en rosa y éste en fuego y zafiro, cuelga una luna plateada, joven y delgada, radiante de claridad.

Explicación: El destello dorado de las altas esferas refulge sobre el Alma e inunda nuestro ser de vida, calor, poder y amor, aunque a menudo se nos olvide y no nos demos cuenta.

Sin la Radiación Cósmica, la mente y las ideas son como las olas que rompen desahuciadas en la oscuridad. Si fuésemos conscientes del Poder, el Amor y la Inspiración que los Rayos emanan, no temeríamos al futuro, y nuestro camino sería un sendero de luz.

La vida de cada uno está iluminada por una luz eterna que le guiará siempre.

Meditación 4

Visualice un árbol de camelias rojo, totalmente florecido, con las hojas verde oscuro y los capullos abiertos y brillantes. Bajo él discurre un camino flanqueado por naranjos plantados en bancales que conduce a una ciudad de color suntuoso, coronada de cúpulas de color violeta pálido y amatista, y rodeadas de heliotropo mate y amarillo.

El suave viento esparce las flores de la camelia, formando una alfombra carmesí.

Explicación: El Alma, que está descubriendo la consciencia interior del color, se encuentra sola, disfrutando cada rayo en silencio y meditación. El estudiante del color cósmico sabe que en él se halla la puerta del mundo interior, del resplandor perpetuo. Pisa con confianza el camino de la Iluminación Dorada y cruza el Umbral del Templo de la Luz Absoluta, dejando tras de sí los velos externos de la materia física. Cuando nos mostramos desnudos al flujo de la Radiación Cósmica, todos los órganos de nuestro ser se llenan de nueva Vida, Valentía, Paz y Armonía.

Nos transformamos igual que la Tierra lo hace con la llegada de la Primavera.

Meditación 5

Dibuje con la mente las formas de un gran conjunto de rocas que salen hacia un mar de color zafiro. La espuma cremosa de las olas baña la base de las piedras. A lo lejos se distingue un túnel oscuro, con la entrada salpicada de agua verde. En el interior, a mitad de camino, hay un arco estrecho que nos impide ver el reflejo brillante de la luz de un océano lejano. Sobre las rocas florecen líquenes de color naranja y, por encima de la marca superior del agua, el color púrpura llena cada grieta.

Explicación: Nuestro camino en la vida suele estar repleto de dificultades, pruebas y cargas que nos parecen gigantescas como rocas. Tenemos la sensación de estar en un túnel oscuro, lastrados por el dolor y alejados de toda belleza, placer o libertad. Parece como si la naturaleza hubiese perdido su gloria acostumbrada.

Cuanto más miedo, dudas, pensamientos de desesperación y de depresión alberguemos en nuestro interior, más nos perderemos en el túnel. La fe y una actitud mental positiva son capaces de vencer las peores situaciones. Sólo gracias a ella podremos acercarnos a ver el Arco de Luz que emana del esplendor de los Siete Rayos.

El Manantial Eterno nos proporciona Amor, Fuerza, Poder, Alegría y Paz. Cuando lleguemos a ser conscientes del Color, la Luz iluminará la oscuridad para siempre.

Meditación 6

Cae la tarde en una gran catedral gótica. Por la suave oscuridad se pasean destellos de luz, y las viejas vidrieras de color esmeralda, rubí, zafiro y amatista dejan entrar largos rayos que acarician las piedras. Las notas del órgano transportan los pensamientos por los largos pasillos, hacia un mundo lejano de descanso y paz.

Explicación: Dentro de nuestro ser se encuentra el Santuario Maravilloso del Espíritu, la Catedral del Alma. Es el retiro seguro de los momentos de estrés, quebranto y ansiedad. El ambiente es tranquilo y la radiación acogedora. La Gloria de los Siete Rayos se santifica y el esplendor de la Luz Blanca brilla eternamente.

Los Rayos relajantes de Paz, Armonía, Placer y Vida los tomamos del Altar Interior del Color y allí presenciamos la belleza luminosa de la verdad, la bondad, la inspiración, la tranquilidad y la serenidad perfectas. El Reino de los Colores Celestiales está contigo.

Meditación 7

Dibuje un emparrado ante el azul celeste de la tarde, la gloria regia del violeta y el carmesí cargado de rosas y clemátides entre hojas brillantes. El sol encarnado lanza un destello casi astral sobre la combinación de colores, bañándola en luz clara, mientras se va hundiendo en el horizonte dorado. Las montañas y los valles, azules y amatistas, reciben los largos rayos dorados. Es el Altar del Color de la Naturaleza.

Explicación: El Alma que es consciente del Color se da cuenta del esplendor perpetuo de la creación. Vivimos en un país cósmico de hadas. Una vez entendida la divinidad de la que la Tierra y el Aura son expresiones externas, entramos en armonía con el espíritu de la Vida, y el mundo deja de ser un lugar gris y estéril, convirtiéndose en un desfile deslumbrante de colores combinados divinamente.

Las pruebas y desazones, los miedos y vejaciones de la vida son parte del mismo camino dorado. Aunque las nubes oscuras dominen un momento, las montañas que cubren seguirán siendo azules y amatistas.

El miedo, el esfuerzo y la duda no son más que ilusiones.

Meditación 8

Visualice una orquídea grande, erguida, sola y bonita en medio de un bosque. Un rayo de sol incide sobre ella. Está orientada exactamente hacia la luz que le está cayendo. A su alrededor, en el suelo, crecen varias matas de bayas rojas silvestres de aspecto alegre, con flores blancas y tres hojas cada una. Parecen chiquillos sorprendidos por un salto repentino. Su belleza tiene influencia mágica. Los enormes robles miran solemnes hacia abajo, como si fueran dioses cósmicos en este mundo fingido, bajo «la altura más elevada de todas las alturas».

Explicación: El Alma que está desarrollando la consciencia interior se levanta como si fuese una espiral de luz. El resultado inmediato del desarrollo del conocimiento del color es el descubrimiento de nuestra verdadera identidad. Dentro de nosotros surge una sensación de sabiduría e iluminación creciente. Nos vamos dando cuenta de que nuestro Yo interior, el ser verdadero, es un punto focal de los Grandes Rayos Cósmicos. Estamos unidos al Invariable y al Eterno por las fuerzas de la luz y el color. Cada rayo de luz y cada vibración de color de la naturaleza debe recordarnos la Presencia de Dios. El Alma Cósmica irradia poder infinito, sabiduría, amor e inteligencia...

Meditación 9

Dibuje mentalmente un cielo azul de gloria inquebrantable. Debe parecer que el ojo viaja por sus profundidades y distancias sin fin. Abajo, la Tierra se baña en la luz del Sol, un mundo celeste y oro. A lo lejos, las hojas rubí y granate de una enredadera salen a la atmósfera lanzando zarcillos hacia el cielo azul.

Explicación: El crecimiento del alma y el progreso espiritual se da cuando cambiamos los colores del alma por el Rayo Azul, la radiación relajante y espiritual del Alma Cósmica. Hasta en el plano físico, los colores del cielo y la superficie de la Tierra nos recuerdan los Rayos de la Verdad y la Belleza.

El secreto de la Vida terrena placentera consiste en enlazarse, dentro de lo posible, con las fuerzas y poderes cósmicos. Cuando hayamos desarrollado esas fuerzas en nuestro interior, podremos llegar alto y despuntar como llamaradas con el aura celestial. El pensamiento recto y la valoración de cada aspecto de la vida desde el punto de vista propicio, nos permitirá entrar con la mente en el Reino Superconsciente, la Fuente de Luz Eterna. Para acceder a la consciencia más elevada es necesario estar por encima de cualquier resentimiento, envidia o autocompasión, complacencia y egoísmo y de todas las durezas del corazón.

Meditación 10

Imagínese un puñado de rosas floreciendo en un jardín. Crecen primorosamente sobre sus livianos tallos. Algunas son del color de la arena y amarillas, con matices anaranjados; otras son rosa suave, con sombras fuertes de color carmesí y escarlata. Los capullos son alargados y se cimbrean como cálices iluminados ante el verde fuerte de los setos. Su aroma nos trae recuerdos del Verano dorado.

Explicación: La vida, igual que el desarrollo de un capullo hasta que se convierte en flor, es una progresión armoniosa. Las fuerzas cósmicas actúan cambiando y perfeccionando las formas y el color. Estas mismas fuerzas trabajan mediante y para nuestro ser. Una vida difícil, enfermiza e inarmónica es una parada fútil de la propia vida. Las deudas kármicas deben ser pagadas sin llegar a permitir al alma que se quede estática y sin color. Estamos obligados a desarrollar la consciencia, como si fuese una semilla que hay que hacer germinar. El camino del color es bello, armonioso y pacífico. Al entrar en contacto con el Color Cósmico, la mente inferior que está oscura recobra la visión y deja a un lado la discordia y la imperfección. Nos convertimos en cálices iluminados, rebosantes de esencias espirituales.

Meditación 11

Pinte mentalmente un arriate de flores azules centelleando en un atardecer ardiente. El verdor del césped rodea todo el panorama. Alrededor cuelgan numerosas buganvillas rosadas que se mezclan con el color del sol. El ambiente es apacible y calmado.

Explicación: Detrás del torbellino y la fatiga de la vida material reposa el Alma Cósmica en la tranquilidad. Usted es una parte del Sistema Cósmico de Colores. No hay nada que pueda turbar la serenidad y la paz de la mente que tiene consciencia del color. Cuando reconozcamos la afinidad que nos une al Alma Universal de la Naturaleza, los Rayos de la Paz, la Alegría, la Armonía, la Salud y la Vitalidad fluirán hacia nosotros, y comenzaremos a comprender el significado de la tranquilidad resplandeciente.

La magnífica exhibición y el resplandor majestuoso del Color en el Reino de la Naturaleza no es más que un vago reflejo del Resplandor Eterno que hay detrás del Sol, las estrellas y las flores. El estudio concienzudo de la Ciencia del Color Cósmico es el camino hacia esta Perfección, convierte la vida en un Sendero iluminado. Tenemos que procurar vivir sabiendo que somos criaturas de luz, seres espirituales y Rayos de Divinidad, permaneciendo siempre bajo el Reflejo Eterno.

Meditación 12

Visualice un cielo de atardecer apacible. Unas nubes diáfanas, de colores de ensueño rosa pálido y oro intenso, se deslizan suavemente hacia el oeste sobre un fondo azul mate que se funde con el verde claro. No se oye ni siquiera el sonido del viento en el ambiente, a excepción del ocasional murmullo sosegado del vuelo de las aves. Los últimos rayos del Sol bañan la hierba verde mientras el día se hunde en las profundidades de la Paz Cósmica.

Explicación: El amor y la paz se encuentran siempre en el Alma de la Naturaleza. Si entramos en contacto con el Alma Cósmica penetramos en el interior de la

Armonía del Universo, la Belleza y la tranquilidad de las Estrellas. El resplandor de los Colores Celestiales podemos buscarlo dentro de nuestra propia mente interior. El Alma se extiende y crece en salud, sabiduría, belleza y paz de manera proporcional al desarrollo espiritual, y avanza con armonía y ritmo, igual que el Color resplandeciente que cruza los cielos y es absorbido por el Alma Cósmica.

La armonía, el orden y la paz se manifiestan en nuestras vidas del mismo modo en que nos unimos al Alma del Universo, las ideas se tiñen de rosa pálido y oro intenso.

Meditación 13

Pinte en la mente un monte apartado, coronado por un bosquecillo de árboles verdes. Parece tranquilo y sereno. Las nubes grises y violetas, veteadas de plata, se deslizan por detrás y por lo alto, a merced del viento elegante, pero violento; variable como las cosas variables de la misma Tierra. Allí, inamovible y firme, se levanta la montaña solitaria como un símbolo verde de la fe que fortalece el amor.

Explicación: El alma, unida al silencio cósmico, se mantiene firme entre la tempestad de la vida, rodeada por la paz eterna del Rayo Verde.

El poder tranquilizador de éste aumenta cuando visualizamos su color. Concentre su mente en la montaña y déjese relajar. Para alcanzar la Conciencia Cósmica y dominar la paz perfecta, así como el bienestar del cuerpo y la mente, lo principal es llegar al silencio. Pero no al silencio en el sentido estrictamente negativo y pasivo, sino al silencio en el sentido cósmico o espiritual. Este no se consigue desechando las sensaciones terrenas y las emociones, sino relajando los cuerpos astral, etéreo y mental mediante la concentración en la Vibración Cósmica Verde. Esta quietud es la respuesta radiante del Infinito y Eterno, y es, de hecho, el estado de actividad mental y espiritual más elevado.

Meditación 14

Visualice un cielo liliáceo y rosa como telón de fondo del día que se acaba. Los bosques parecen tranquilos y ensimismados mientras esperan la caída silenciosa de la noche. La Tierra se oscurece, pero el arrebol cósmico de los cielos aún espera, bendiciendo el mundo con una radiación cariñosa rosa y ópalo, la prueba de la gloria que deja, como si fuese la sensación ardiente de una alegría celestial que ya ha pasado.

Explicación: En numerosos momentos de la vida nos sentimos perdidos, abandonados, solos y desamparados. Parece como si la cálida radiación rosa del amor se hubiese esfumado. Nuestra alma se enfrenta, solitaria, al frío de la indiferencia y el desprecio. Pero, por mucho que nos hundamos en la profundidad de la noche, siempre encontraremos a Dios. Cuando se sienta afligido, concéntrese en el Rayo Verde y en el Alma Cósmica, con su radiación cálida y alentadora. Cuando se encuentre oprimido por las dificultades y por problemas que parezcan mayores que usted, descubrirá que, aunque todo parezca imposible desde el punto de vista humano, siempre habrá un rayo de luz que brille eternamente a su lado.

El cielo lila y rosa cuelga sobre nuestras cabezas si nuestros sentidos nos permiten verlo.

Meditación 15

Dibuje con la mente un manojo de flores blancas de acacia meciéndose grácilmente entre las hojas verdes, bajo el cielo celeste. Una junto a otra, las flores forman una cadeneta de belleza que trata de unir el cielo con la tierra. Las flores ebúrneas y las hojas verdes configuran una retícula que filtra la luz perla y amatista del cielo, cargado de nubes y destellos de plata.

Explicación: El amor y la belleza son las constantes del Universo. Lo interesante del color es que posee un poder o vibración propia que varía según la cualidad y la radiación. Por eso, los colores positivos o magnéticos tienen la capacidad de despertar sentimientos afines a ellos en nuestra alma.

Si se siente deprimido o desanimado, visualice el rojo (valentía y fuerza), el verde (esperanza y fe), el escarlata (triunfo), el esmeralda (alegría), el azul brillante (felicidad), el amarillo (inspiración y sabiduría) o el amatista (conocimiento espiritual). Podrá observar que su alma interna, el origen verdadero de los pensamientos y la salud, responde al poder y la vibración de los Rayos. Si la mente careciese de la influencia gratificante e inspiradora del color, mantendría un estado de oscuridad y desorden permanente.

Meditación 16

Visualice un rosal cubierto por multitud de capullos de color rosa. El color puro y las formas exquisitas se yerguen ligeras y radiantes ante un grupo de árboles viejos y altos. Cerca de él crecen dos lilas blancas que se zarandean con la brisa, esparciendo su aroma. Parecen espíritus blancos conversando entre sí, tranquilos y gráciles. Un estado de perfección así, hace que el mundo parezca maravilloso.

Explicación: El Conocimiento del Color es la expansión de la Consciencia (el descubrimiento del velo que cubre la materia inerte y el reconocimiento de la realidad espiritual) y el principio divino de todo el Universo. El resultado es el descubrimiento de la verdadera identidad de cada uno. Si desarrollamos un sentido de poder creciente y percepción ampliable, podemos llegar a sentir la luz que empapa todas las sustancias, ya que la última esencia de toda la materia es la Luz Indestructible. Si queremos transformarnos en la Imagen Divina y, así, poder ver a Dios, el Origen Omnipresente de la Luz, debemos cultivar el Conocimiento del Color mediante la contemplación de las maravillas de la naturaleza. Cuando la mente se llena de pensamientos radiantes y el aura se enciende con el Color Cósmico, el Alma se hace impermeable a la oscuridad y a las vibraciones negativas. El resultado es la salud radiante y la eficacia personal.

Meditación 17

Dibuje en su mente el resplandor malva y turquesa de un cielo azul intenso. Abajo, la tierra cálida y serena se baña en las masas púrpuras y lilas. Los rododendros crecen con sus grandes capullos en flor y la glicinia cuelga sus ramilletes, que brillan frente a una pared de ladrillos rojos. Todo se confunde en éxtasis cósmico con el azul del cielo y reina la alegría, la armonía, la paz y el silencio.

Explicación: Si conociésemos y disfrutásemos la paz interior y la armonía, y nuestra vida discurriese polarizada con su Rayo particular, poseeríamos el secreto del silencio interior. Los colores del aura deben ser armónicos. Para vivir en la tranquilidad y la paz interior, liberados de los tumultos exasperados, es necesario sentir y experimentar la vida del Alma Cósmica. La sabiduría esotérica nos dirá siempre lo mismo: lo exterior será siempre elemental, material, ruidoso y agitado.

Cuanto más ruido y barullo haya en nuestras vidas, más lejos estaremos de nuestro centro de Luz.

El camino del Espíritu es silencioso, relajado y armonioso.

La Paz, la Alegría, la Salud, la Armonía y la Belleza fluyen del Alma Cósmica.

Meditación 18

Visualice un seto al borde de un camino repleto de vegetación y colores veraniegos. La hierba está crecida y su color es verde intenso y trémulo. Las verónicas ya han abierto sus flores azules, que brillan entre los pétalos caídos del cerezo silvestre. La zarza muestra sus flores y corona el seto con una diadema de espinas de flores rosas y capullos perla. El aura emana armonía, amor y paz.

Explicación: La unión con el Alma Cósmica requiere un conocimiento interno que se adquiere con la dedicación de cierto tiempo todos los días, y con el reconocimiento de nuestra unidad con la Luz Blanca Eterna, como expresan los colores de los Rayos Cósmicos del Amor, la Vida, la Alegría, la Paz y la Sabiduría.

El resultado de esta práctica se materializa en la unidad de la vida, la salud, el éxito y el progreso de todos los planos. La meditación es la alquimia que transforma los pensamientos grises en vibraciones cósmicas brillantes. La contemplación mental de los Rayos de Color da como resultado un nuevo modo de pensar y de conciencia que, a la larga, se manifiesta en los hechos externos.

La paz del Alma Cósmica es un orden y una armonía interior a la que tienen acceso todas las mentes que son verdaderamente conscientes del Color.

Meditación 19

Pinte con la mente un mar tormentoso. La espuma de las olas choca contra las rocas de la costa. De pronto, aparece el arco iris y se despliega por el cielo, acompañando a los rayos de luz que se abren paso entre la oscuridad, apartando las nubes. El destello verde del agua vuelve a surgir y, a lo lejos, se descubre una islita de roca amatista, con la que juegan las olas. El viento sopla limpio y valiente, llenando el aire de vida y energía.

Explicación: Estamos clavados al Poder Universal Único e, igual que a una roca, nada nos puede mover. Sólo hay un Espíritu Universal de la Luz, el Alma Cósmica, que llena nuestra aura de los colores del arco iris y se despliega por nuestro horizonte interno como si fuese una corriente de armonía. La vida de la Mente Iluminada rebosa conocimiento y fuerza positiva. Las vibraciones negativas no tienen cabida. Los Rayos Cósmicos Infinitos, las emanaciones del Alma Universal, cargadas de poder y vida, nos rodean por todos los lados. Todo lo que necesitamos se encuentra en el Origen, el Espíritu Infinito de la Luz, Amor, Sabiduría, Poder y Armonía. El Alma Cósmica, el Poder Único está dentro de cada ser y en todos lados.

Meditación 20

Visualice una puesta de sol de colores encendidos y púrpuras, el cielo del oeste arde con todos los matices del carmesí, el dorado y el amatista. El sol se va escondiendo tras los límites del mundo, pero la radiación se extiende abrazándolo todo, hasta alcanzar el cielo del este, de color turquesa. Hasta las nubes más pequeñas filtran la luz produciendo las sombras rosas más puras, el Emblema Cósmico del Amor Divino.

Explicación: El estudiante del color cósmico suele visualizarse a sí mismo rodeado de un aura y una atmósfera que le satisface plenamente. Siempre que sea posible, llevará su Rayo de Color manifestado de alguna forma física, y está acostumbrado a verse envuelto por él. Siguiendo esta práctica, ganará confianza en su capacidad de atraer hacia sí todo lo que desee, y se rodeará del aura que elija.

Cada color y cada sonido tiene un significado especial. El hecho de producirlos en las esferas exteriores nos ayuda a poseerlo en el campo subjetivo. De este modo, hacemos que el ambiente cósmico se adapte a nuestras necesidades, y podremos extraer de él lo que nos plazca.

Meditación 21

Imagine que está en el límite norte de Europa, donde nunca oscurece durante el verano. De todos modos, alrededor de las diez de la noche, el sol está bajo y ofrece un espectáculo de colores sorprendente. Pero un cambio inesperado se produce en las horas siguientes. El amarillo y el naranja brillante ganan intensidad, lo mismo que el azul oscuro y el verde. A eso de la medianoche el sol ya no se ve, pero permanece su reflejo dorado sobre el mar. Las montañas y las rocas se yerguen negras saliendo del mar oscuro e, incluso, las nubes parecen telones a punto de ser abiertos para mostrar el espectáculo del sol de medianoche.

Explicación: La luz y las tinieblas están presentes en el alma de todo ser humano. Pero aquel que sigue los dictados del espíritu no conoce la oscuridad, y nunca se separará del Esplendor Eterno del Sol Celestial. La luz es el Espíritu, aunque ningún ojo humano ha llegado a contemplarla. En el plano físico se puede estudiar, pero sólo en relación con la materia. Brilla en los objetos y los ilumina para que puedan ser percibidos. Pero, en su contacto, se hace color. La luz, tomada como una manifestación directa de la Naturaleza, se esconde de los hombres. Sólo podemos aspirar a estudiar su velocidad, su propagación y sus efectos generales. La ciencia física no tiene acceso a su verdadera naturaleza. Por ejemplo, la velocidad de propagación de la luz cósmica es superior a 300.000 kilómetros por segundo.

Su velocidad real es la presencia instantánea.

Meditación 22

Dibuje una bahía cerrada en cada extremo por un pequeño acantilado. El mar verde acaricia las rocas erosionadas y se deshace en la arena blanca de la playa. El romper de las olas es tan rítmico que nos recuerda una canción monótona. Las algas marrones juegan con la espuma blanca del agua. El cielo azul de la tarde cuelga sobre el mar tranquilo. El viento descansa para no enturbiar este remanso de paz.

Explicación: La frase «la vida es generosa conmigo» puede tener cierto sentido cuando nuestra existencia navega por los mares tranquilos del verano, empujada por los vientos de la prosperidad y la salud; o cuando los amigos están dispuestos y prestos a echarnos una mano, o cuando los favores y las influencias sociales gratifican nuestros deseos. Pero cuando el mar sonriente del éxito deja paso a los vientos adversos que nos empujan hacia los acantilados rocosos, y las olas del sufrimiento nos zarandean, cuando los amigos nos fallan, es entonces cuando nos vemos obligados a buscar el asesoramiento de los reinos cósmicos. En esos casos, el marinero que otea el cielo para buscar la estrella que le ha de guiar, no ve más que nubes.
Esa falsa tranquilidad y armonía que en ocasiones nos ofrece la vida no tiene más salida que el desastre. La estrella que guía nuestras vidas debe estar fija e

inamovible, esa será la Estrella Polar. Su luz conduce a los navegantes a la seguridad del puerto. Sintonizándonos con la longitud de onda de nuestro Rayo del Destino, podremos surcar los mares tempestuosos sin miedo a perder el rumbo.

Meditación 23

Visualice un cerezo joven vestido de carmesí y bermellón. Parece como si las hojas estuviesen ruborizadas. Es el rey de la huerta, y los demás árboles de hojas verdes, plantados en hileras que pierden la vista en parajes fascinantes, le rinden pleitesía. El viento está en calma, la tierra descansa y las hojas encarnadas brillan arrulladas por la suave brisa de las montañas.

Explicación: El Alma Cósmica, la mente del Infinito repone inmediatamente todo lo que sea necesario; debemos confiar nuestro futuro al Origen de todas las Vidas. Y tampoco podemos apegarnos a aquello que se nos dé. La Ley Cósmica dice: «Libremente nos ha sido dado, libremente debemos devolverlo».

El alma consciente del color es «como un árbol plantado junto al agua, que extiende sus raíces por el cauce del río, sin saber donde está la muerte, pero con las hojas siempre verdes».

Los hombres estamos enraizados y centrados en la Luz y la Vida Únicas, de las que emana todo.

Meditación 24

Dibuje con la mente un haya grande cambiando su colorido del verano por el marrón del otoño, sin prisas. Las hojas brillan con matices cobrizos, terrosos y dorados. El tronco aún conserva los destellos suaves, perlas y dorados. El árbol entero reluce como una pieza de orfebre ante un cielo azul claro, brillante y majestuoso que se filtra entre sus ramas.

Explicación: Lo que venimos llamando «explicación» en estos ejercicios es una expansión de la consciencia en la que pasamos del efecto (experimentado en la meditación y la reflexión) a la causa, que nos reúne con la Esencia Cósmica o el Principio Divino. El conocimiento de la Verdad no es más que eso. Uno de los objetivos principales de la Hermandad Cósmica del Color es ofrecer al ser humano la Verdad a través de los fenómenos ordinarios de la Luz y el Color. La Meditación del Color y el desarrollo del conocimiento de éste nos abren las puertas de la Luz que hay dentro de nosotros, para que nos ilumine y nos ofrezca su Conocimiento. La Luz Interior de la Verdad es la razón que permite que muchos estudiantes principiantes obtengan resultados increíbles.

Meditación 25

Visualice una gran extensión de tierra y cielo desde la altura de una colina elevada. Abajo, a lo lejos, los campos verdes moteados por árboles de sombras azuladas y bosques púrpuras se pierden en la distancia, donde todo es relajado y suave. El cielo irradia la luz pura y los destellos dorados de una tarde de verano. Las nubes se amontonan en el horizonte, como si tratasen de irse con el sol que se sumerge por el oeste. El viento sopla sobre todo el panorama con dulzura, estremeciendo el cielo y la tierra con su aliento vivo.

Explicación: El tiempo y el espacio son limitaciones que sólo existen en la consciencia humana. Se ha dicho que no hay más lugar que la presencia de Dios. Este «lugar» es el Universo Espiritual Verdadero o la Vida Infinita, pero el estado de nuestra consciencia y los aspectos de la vida harán de él un Paraíso o un Infierno. Si la mente, los pensamientos y las sensaciones son oscuros, lo más seguro es que nos encontremos en el Infierno; por otro lado, si sentimos amor hacia todo lo relacionado con el Reino de la Luz y disfrutamos del Color puro, nuestro lugar estará en el Cielo.

Cuando hagamos caso a la Verdad Cósmica, el mundo nos parecerá algo nuevo cada mañana y la vida se convertirá en algo radiante y bello.

Es un proceso progresivo, como la llegada de la primavera. Día a día, la vida nos parecerá más bonita y armoniosa.

La belleza, la alegría y la armonía no son cualidades que surjan de la nada; las irradia nuestro propio interior.

Meditación 26

Dibuje con la mente la tierra oscurecida por el velo místico de la noche. Un vapor diáfano envuelve la hierba húmeda y los árboles callados, que parecen sombras fantasmagóricas intangibles. Una bruma plateada, parecida al aura de un espíritu, flota en el aire y se mueve iluminada por la Luz Blanca de la Luna, que cuelga del cielo añil, engalanado con los destellos de las estrellas lejanas, mientras la Tierra duerme en su sueño astral. Ningún ruido mancilla la frágil quietud, excepto la caída rítmica del rocío sobre la vegetación invisible. Para las mentes mortales, la belleza cósmica es así de etérea, pero deja una impronta de bendiciones sobre todas las almas que alcanza, que sobrepasa todos los mundos.

Explicación: Por la noche, todas las criaturas vivientes tienen la sensación de hundirse en la Tierra, abrazadas por la fuerza de la gravedad. Los sentidos se bloquean, pero la Luz que hay dentro de cada uno permanece encendida, como un Sol escondido. Esta luz ilumina desde el interior de la noche en los sentidos apagados, mientras que, en el exterior, la Tierra ejerce su poder celestial sobre nosotros. Así como el organismo humano recupera la armonía de sus fuerzas con el sueño, durante la noche, la Tierra establece el equilibrio de las fuerzas cósmicas, asimiladas de la radiación solar del día.

Meditación 27

Dibuje un cielo majestuoso con bandas azules y blancas formadas por las nubes que lo surcan. El dorado de la puesta de sol se cuela entre los árboles oscuros, formando una corona de gloria en sus copas. El aura de las hojas brilla y, con el toque mágico de la luz, cambia su color por el rojodorado. El cielo brilla radiante y los bosques distantes y oscuros sugieren misterio, acariciados por los últimos rayos del día que se acaba.

Explicación: «Dios es Luz», la Luz que se hizo Vida en el Hombre. En la época atlante la vida era oscura y difusa, y el ambiente carecía de color. Pero cuando el hombre evolucionó, la Luz se refractó en multitud de haces para que las personas pudiesen absorberla. De esta manera se manifestó la diversidad y la humanidad se expandió a lomos del arco iris místico, con sus colores variados y maravillosos. El arco del cielo es, por tanto, la entrada de la «Tierra Prometida». La manifestación brillante de los colores se puede tomar como evidencia de que la base de la era actual ha sido la segregación.

Hay mucha gente que vive en el plano material, privado de la Luz Blanca del Espíritu.

Meditación 28

Visualice un paisaje costero refrescante y marinero. La marea está baja y hay una gran franja de tierra llena de rocas, arena blanca salpicada por multitud de conchas blancas y púrpuras, algas verdes y doradas que rodean pequeños charcos llenos de luz y reflejos del cielo, etc. A lo lejos, las olas juguetean y los graznidos de las gaviotas caen sobre ellas, mecidos por la brisa. El cielo, gris y ópalo, domina toda la bahía. Una sensación de paz cósmica infinita inunda todo el panorama, irradiando sus bendiciones.

Explicación: El hombre puede pasar de lo inferior a lo superior de multitud de formas diferentes. El Alma Cósmica se encuentra en todos los caminos y en los diferentes sistemas. Para el Alma iniciada en los pormenores del Color, la forma más eficaz es el cultivo de la sensación interna de Consciencia del Color. La búsqueda de la belleza conduce a la armonía y la paz. Cuando meditamos en los Siete Rayos, el alma se escapa para flotar tranquila en el Cosmos. Para respirar el Aliento Divino no tenemos más que descansar en la paz y la felicidad que habita el Espíritu de la Luz.

Meditación 29

Dibuje un mar de buganvillas flotando sobre los árboles del bosque, salpicadas por las olas de luz de zafiro y amatista. En lo alto, el cielo se sobrecoge con el color, la fragancia, el calor y la dulzura que está presenciando e, inquebrantable, parece estático, como los destellos de luz pura de las vidrieras de una catedral, mientras los manojos de hojas saltan y brincan con la brisa del aire. El conjunto parece una plegaria cósmica, una ofrenda de amor.

Explicación: El color es uno de los caminos que conducen a la Consciencia Cósmica. Lo único que es real y eterno es espiritual, y esa Realidad Espiritual es la Perfección bajo todas sus formas maravillosas, bellas y radiantes. Solamente hay una realidad, que es Dios y su Expresión Perfecta: el Alma Cósmica. Este Universo Espiritual perfecto no es una «ciudad perdida», ya que el Reino Celestial del Color está dentro de nosotros mismos. Cuando nuestra mente y sus pensamientos estén en armonía con los grandes Rayos Cósmicos, y seamos capaces de extenderla a las acciones y las relaciones que mantenemos con la gente que nos rodea, entonces habremos conseguido una mente verdaderamente cósmica.

Meditación 30

Imagine la gloriosa alfombra de follaje caído que se forma en los bosques en octubre. La tierra marrón se cubre con una espesa capa roja, cobre y carmesí, formada por un montón de hojas esparcidas por aquí y por allá, de forma caprichosa y de color sutil. En el horizonte, el azul del cielo se funde con el rosa amatista, formando destellos púrpuras intensos.

Explicación: Aunque dediquemos toda nuestra vida a la búsqueda del Color y la Belleza, jamás estaremos preparados para ello. La única posibilidad que nos permitirá acercarnos a esa intención será la cooperación en el descubrimiento de la verdadera naturaleza de la vida. La vía cósmica es armoniosa, relajada y bella. La belleza, el amor, la armonía, la paz y la simpatía emanan del alma del Cosmos. Cuanto más nos acerquemos a éste, mejor nos irán las cosas.

La Consciencia del Color nos permitirá ver el Alma de la Naturaleza y expresar lo mejor, lo más rico y lo más elevado de nosotros mismos. Recuerde que las fuerzas inmensas y la inteligencia de la mente subconsciente operan de acuerdo con los rayos espirituales que iluminan la consciencia interna.

Meditación 31

Dibuje unas matas de azafrán a comienzos de la primavera. Los capullos todavía están cerrados, pero pronto se convertirán en preciosas flores que se llenarán de sol; serán las más bonitas de la primavera. Observe cómo han salido de la tierra marrón sus maravillosos colores: amarillo dorado con pequeñas líneas negras en la base de los pétalos, amatista y púrpura para el interior de la flor y blanco puro, moteado de violeta, en los estambres. Son los heraldos de la gloria del Color que nos ofrece la primavera. Cuando los días sean fríos y oscuros, cuando los cielos estén grises y los pajarillos no nos ofrezcan su canción, el azafrán estará allí para hablarnos de la Belleza y la Radiación.

Explicación: Si, como estudiante del color que es, usted ha realizado las treinta meditaciones que preceden a ésta, habrá comunicado a su alma un movimiento o una vibración que está unida al pulso del Alma Vital del Universo. El sol de la primavera hace germinar la semilla y le regala la vida; por su parte, el Alma Cósmica hace llegar a su existencia la gloriosa Radiación Divina de Vida, Salud, Riqueza, Amor y Armonía a través del aura.

Los Rayos Cósmicos que fluyen por el Alma son fuerzas creativas, ilimitadas, sustanciales y vitales, y encierran unas posibilidades y unas fuerzas tremendas que le permitirán llevar a su ser todo aquello que desee.

Cuando hayan alcanzado lo más profundo de usted, serán su fuente de Salud, Sabiduría, Armonía, etc. Los Rayos Cósmicos fueron las primeras fuerzas creativas y provocaron la primera manifestación de Luz, Vida y Ser de la sustancia solar y planetaria. Aún continúan radiando sobre cada ser vivo su energía ilimitada, inconmensurable e inagotable. Cada uno de los Siete Rayos Principales es una encarnación del Poder, la Intención y el Logro Divino.

Capítulo VI

El ajuste de la vida mediante el color

En este capítulo explicaremos el uso práctico de los colores en la restitución y la reorganización de la armonía de la vida.

Lo primero que tiene que comprender el estudiante es que el color produce tres efectos principales: descanso, revitalización e inspiración y estímulo.

Un color es relajante cuando provoca sentimientos tranquilos y pasivos, o a estados mentales de contemplación y reflexión. Para este cometido el más apropiado es el verde, con sus matices peculiares, dependiendo del individuo.

Se considera revitalizante a aquel color que es capaz de generar condiciones de cambio, equilibrio, expansión, contento y mejora. El rojo y el verde poseen esta capacidad.

Por último, la inspiración y el estímulo son inherentes a los colores capaces de generar sentimientos de esperanza, actividad, aspiración, ambición y deseo; de provocar la liberación del pensamiento y las sensaciones, de la consciencia de paz, alegría, intuición y comprensión y hasta de desencadenar las funciones superiores del alma. El Rayo Azul es el indicado para ello.

Recuerde que la trinidad de los colores (rojo, amarillo y azul) se corresponde con las grandes divisiones naturales (física, mental y espiritual).

Por esto, el campo de vibración de un color tiene que ver con el plano de la naturaleza sobre el cual ejerce su influencia. El plano físico, que tiene una velocidad de vibración baja, atrae colores de velocidad de vibración también reducida, como pueden ser el rojo o algunos tonos del naranja oscuro. El plano mental, cuya vibración es mayor, congenia con los colores brillantes y translúcidos como el amarillo. Y en cuanto al plano espiritual, que es el que tiene la vibración más rápida de todos, se inclina hacia los luminosos y fosforescentes cuya velocidad es, igualmente, muy elevada.

La siguiente tabla ha sido confeccionada teniendo en cuenta los tres planos de la vida y los tres efectos del color:

1. Físico	2. Mental	3. Espiritual
Descanso Verde	*Descanso* Añil Verde	*Descanso* Azul luna
Revitalización Naranja	*Revitalización* Azul real Verde esmeralda	*Revitalización* Oro
Inspiración y estímulo Bermellón Escarlata	*Inspiración y estímulo* Amarillo Violeta	*Inspiración y estímulo* Amatista Púrpura Violeta

Si la utiliza correctamente, esta tabla le servirá de guía de curación y será usted capaz de controlar los nervios y recuperar la salud del cuerpo, la mente y el espíritu.

Supongamos, por ejemplo que, físicamente, se encuentra agotado; mentalmente exhausto y vencido, y espiritualmente preocupado y deprimido.

Esta situación puede aliviarla aplicando la vibración cromática necesaria, ya sea de forma tradicional, utilizando una lámpara de color, una pantalla o ropas, o bien de forma metafísica, entrando en contacto con las corrientes de color cósmico que fluyen en el aura.

La visualización o la conciencia de las corrientes de color mediante el conocimiento mental es el mejor método, y todos los estudiantes deberían concentrarse en él hasta que hayan adquirido todo el poder y la experiencia necesarias.

Sea cual sea la técnica que se utilice, no se debe olvidar jamás la ley que relaciona el color con la respiración, la ciencia del color está íntimamente emparentada a la de la respiración.

Algún lector se habrá dado cuenta de que hay colores que, al verlos, nos obligan a tomar una gran bocanada de aire. Lo que sucede es que sentimos deseos de bebérnoslos e incluso de contener la respiración mientras los contemplamos. Estos son los que proporcionan descanso. Otros, los que revitalizan la mente, arrancan exclamaciones repentinas de alegría y felicidad. Por último, los que son inspiradores y estimulantes, nos obligan a cerrar los ojos y a sentir respeto. En otras palabras, alteran nuestras vibraciones.

Estas experiencias no pertenecen al ámbito oculto o místico. Por el contrario, son las reacciones lógicas de cualquier persona ante el color.

Imagínese que va caminando por las calles oscuras y plomizas de una ciudad industrial repleta de edificios marrones y grises. De pronto le parece ver las luces verdes y púrpuras del mar en verano. ¿Verdad que trataría de beber y absorber el color? El verde es un sedante que calma los nervios y atrae fuerza vital.

El estudiante debería practicar con los efectos de los distintos colores. Lo conveniente es comenzar meditando con los de la naturaleza, anotando puntualmente y tabulando los resultados.

El campo, el cielo y el mar están llenos de tonos naturales que usted debe absorber con la conciencia. Relaje la mente todo lo que pueda y concéntrese en los colores cuyas vibraciones desee generar en su interior. Es necesaria una relajación física y mental completa.

No se desanime si al principio no parece encontrar respuesta ni reacción. Si realiza el ejercicio con seriedad durante diez o quince minutos diarios, al final de la primera semana se sorprenderá del progreso.

Los colores de la naturaleza tienen una vitalidad cósmica de la que carecen los artificiales. Pero si no es posible acceder a ellos, siempre queda el recurso de buscar un sustituto. Los chinos, que son una raza sensible al color por naturaleza, han metido en sus casas de los barrios de Londres y San Francisco los colores gloriosos y etéreos de su tierra natal. Han convertido habitaciones en santuarios de color utilizando pantallas, tejidos, ornamentos chinos, lámparas de fiesta, flores, papel de pared y pintura.

¡No estaría mal imitar a nuestros hermanos orientales!

Hay algo que no podemos olvidar, y es que cada individuo es una pantalla de color viva y móvil. En otras palabras, gracias al aura proyectamos rayos y emanaciones de nuestro interior a cada instante. El aura puede brillar con vitalidad y esplendor o puede ser oscura y nublada por las nubes del pensamiento; depende del grado de evolución.

Siempre que esté con alguien recuerde que usted puede irradiar una personalidad brillante y alegre u oscura y triste. Si la cantidad de color que proyecta es poca, su vitalidad será limitada y no podrá ser justo consigo mismo. Si su aura es oscura, también se sentirá desdichado y frustrado, y llevará una vida mecánica y negativa.

Evidentemente, se estará preguntando si se puede hacer algo para mejorar un aura negativa y para proyectar más color sobre la personalidad.

La enseñanza cósmica nos dice que si entendemos la naturaleza de las fuerzas cósmicas que nos rodean y sus relaciones con la personalidad y el ambiente, podemos hacer mucho.

Si se esfuerza y proyecta sus propias vibraciones cromáticas con la mayor intensidad posible, podrá amalgamarlas con las Corrientes Cósmicas, participando de su vida y, por tanto, aumentando su propia vitalidad.

El gran océano de la Consciencia en el que vivimos vibra de vida y es capaz de recibirla y transmitirla. El Alma y la Mente Cósmica poseen corrientes de pensamiento y de energía física parecidas a las del mar. Nosotros podemos acercarnos consciente o inconscientemente. Si estamos en armonía, nos beneficiaremos de sus pensamientos y de sus ideas.

Las corrientes o Rayos Cósmicos son fuerzas espirituales que emanan de la Luz Blanca Divina. Desde el punto de vista oculto, estamos rodeados de fuerzas y radiaciones etéreas que son esenciales para la existencia, del mismo modo que el cuerpo físico está rodeado por el aire, básico para la vida.

La Fuerza es Una. Este es uno de los axiomas fundamentales del ocultismo. Pero la fuerza y la energía se manifiestan en este planeta bajo siete aspectos principales: los Siete Rayos Cósmicos o las corrientes de vibración. Aunque sólo haya un Rayo Principal, distinguimos sus siete aspectos por las longitudes de onda diferentes. Cada uno de estos aspectos se subdivide a su vez en otras corrientes de fuerza menores.

Los Rayos Cósmicos no se pueden describir adecuadamente con el lenguaje humano. Pero, tratando de acercarnos todo lo posible a la realidad, diremos que son lo más parecido al rojo, al naranja, al amarillo, al verde, al azul, al añil y al violeta. Es importante recordar que el Color Cósmico, que fue la primera fuerza sustancial del Universo, precede a cualquier forma de materia, vida y sustancia del mismo modo que la luz precede a la manifestación del nuevo día. El espacio era oscuridad vacía y negativa hasta que apareció la Luz Cósmica.

Los Rayos Cósmicos son testigos coexistentes de la historia del mundo. Algunos místicos de sensibilidad muy desarrollada han percibido la luz y el color primeros, y los hombres comunes la han visto vagamente bajo el nombre de «luz zodiacal».

Las Corrientes Cósmicas vibran perpetuamente en la superficie y alrededor de la Tierra con avalanchas sin fin de energía inagotable. Como en el macrocosmos, estas mismas corrientes y fuerzas rodean también al ser humano en el microcosmos. La mente del hombre tiene la capacidad de unirse por sí sola a los Rayos Cósmicos. Si se da el caso, es capaz de atraer y recibir sus poderes y bendiciones.

El primer paso a dar para llegar a la consciencia de las Corrientes Cósmicas de Color es la visualización. La concentración mental abrirá las puertas del conocimiento y, tras él, la comprensión consciente. Cuando se haya desarrollado la facultad del color, las primeras sensaciones serán las vibraciones solares, los rayos ordinarios del espectro sucedidas por los Rayos Universales.

«Cuando la Luz Solar (el aura) abra todas las puertas del cuerpo (los chakras), entonces se sentirá que la Armonía (la Conciencia Cósmica) está aumentando.»

Capítulo VII

El templo del
color

Una de las experiencias más bonitas por las que puede pasar el buen estudiante de la Ciencia Radiante es el contacto con el Templo del Color. Este no es un edificio terreno o material, sino un grado de consciencia en el que la mente se eleva al Astral Superior.

El ámbito Astral, con sus subesferas, es accesible a los buscadores que han alcanzado un cierto nivel en el aprendizaje de la sabiduría. Como todos los planos que nos rodean, éste contempla estados del ser, buenos y malos, altos y bajos, etc., pero aquél que consigue entrar en él lo hace con todas sus consecuencias, y se centra en las zonas convenientes según la condición del aura. Es el reino de la belleza, la luz y el color.

En las regiones elevadas del Astral hay establecido un centro o punto de encuentro donde los seres humanos pueden reunirse con los Grandes Maestros y Guías de la humanidad, de las esferas aún superiores, para aprender de las Grandes Verdades y los conocimientos. Aquí es donde los moradores de la Tierra adquieren la sabiduría avanzada, la inspiración y los poderes curativos. Ya en los textos antiguos se mencionaba con el nombre de Templo del Saber. Allí se guardan los testimonios verdaderos de cualquier raza, país y tribu que han existido y cada vestigio de todo lo que ha ocurrido en la Tierra. Todo el conocimiento que posee, o que tenga que poseer el hombre, ha de buscarlo en este Templo; todas las ideas, verdades, sabiduría y ciencias están guardadas en la grandeza de esta Universidad astral.

El Templo del Color es una parte esencial de este foco de luz maravilloso. No hay nada que se le parezca en el mundo físico. Los ojos del observador común, desacostumbrados al estudio de las vibraciones cromáticas del cosmos, se cegarían con la intensidad y el esplendor incomparable de sus radiaciones. Es muy posible que no llegasen a ver nada, porque absolutamente todo se halla escondido tras una nube de esplendor.

No se puede imaginar un entorno mejor para el Templo del Color. La sensación con la que el ser humano llega a esta región solitaria, de paz indescriptible, es una de las mayores alegrías. El Templo glorioso se levanta grácilmente sobre un prado de hierba verde. La belleza eterna de la forma y la coloración sublime apenas pueden juzgarse con los baremos humanos.

Todo el Templo se halla rodeado de un bosque de árboles altos y verdes, cuya radiación inspira armonía y tranquilidad. Delante del edificio hay un lago circular que refleja, como un espejo gigantesco, toda la escena con un esplendor exquisito.

La planta es cruciforme, y una gran cúpula dorada, rematada con una delgada aguja que simboliza la Gran Luz Blanca del Logos Eterno, corona el edificio. Las cuatro divisiones básicas del Templo son de forma circular, y las curvas de los arcos del techo fluyen y se unen en una proporción perfecta.

El color vivo hace brillar el edificio entero, obligándonos a absorber sus vibraciones curativas. A diferencia de los edificios de la tierra, no hay impresión de materialidad en la construcción, da la sensación de que el Arquitecto Divino ha unido las brumas iridiscentes y las ha pintado con un atardecer de verano.

Desde la fachada principal se pueden ver siete minaretes que destacan a primera vista. Cada uno representa un Rayo Cósmico. Las altas torres luminosas arden de vida y color. El Rayo Carmesí no deja de enviar emanaciones de vida y amor; el Naranja derrama la fuerza tonificante de la salud y la vitalidad. La tercera torre irradia corrientes doradas de luz consciente, el Rayo Amarillo de la mente, mientras que la de en medio, en su posición equilibradora, emite emanaciones refrescantes y caladas de paz y armonía (el

Rayo Verde). El siguiente es el minarete inspirador azul, que refleja los tonos celestes y zafiros del Rayo de la Verdad. Los dos últimos, con su apariencia misteriosa y encantada, son tan trascendentales como sus colores, el añil y el violeta.

Este espectro astral es más brillante que ningún grupo de colores que pueda ser visto en la Tierra. Las siete columnas se mezclan y se combinan hasta formar un espectáculo de color de mayor belleza que el propio arco iris.

El interior del edificio ostenta la misma belleza sublime. Las palabras no son capaces de ilustrar la gloria del Templo del Color, pero la descripción de uno de los servicios que se llevan a cabo en su interior puede ser interesante e instructivo.

Cada una de las cuatro partes está dedicada a un servicio diferente. La intención del Templo es actuar sobre cada individuo de acuerdo con su «tipo» especial o el nivel de su desarrollo. Se da por sentado que cada persona tiene un «canal» especial que lo une al Divino. Se puede manifestar como amor, servicio y hermandad; como devoción o inspiración; como simpatía y curación o como poder intelectual.

Los servicios o ceremonias están destinados a cada uno de los grupos de personas mencionados anteriormente. El Maestro hace las veces de médium o intermediario entre el candidato y el Logos, recibiendo, concentrando y transmitiendo las corrientes de fuerza espiritual, distribuyendo y aplicando las vibraciones de la luz y el color.

En el servicio del Rayo Rojo el candidato cierra los ojos y visualiza, con los sentidos bien bloqueados, un torrente o una nube de color. El Maestro se sitúa dentro de la pirámide de la concentración, delante de los presentes, y se materializa en una forma humana, vestido con un hábito carmesí resplandeciente. Un destello inspirador de colores brillantes corona su cabeza. Las palabras no pueden describir el espectáculo. Es diferente a todo lo terreno, con su apariencia deslumbrante como el Sol del mediodía, vitalizado por la luz astral. Es algo más que un foco de luz; se trata de un pensamiento expresado en el lenguaje del color astral. Desde el lado práctico, es la clave vibratoria del servicio que se está llevando a cabo, e indica la naturaleza y el objeto del punto que hay que trabajar.

Los candidatos deben imitar la lengua de luz que ilumina al Maestro, proyectando por encima de sus cabezas un espectro similar, pero más pequeño. El resultado es muy variable, hay estudiantes capaces de realizar una réplica excelente, mientras que otros sólo producen débiles destellos. La idea es hacer posible su visión en el plano físico, pero en la mayoría de los casos se manifiesta en los planos astral y mental solamente.

El Maestro extiende sus brazos sobre la asamblea y manda una corriente de poder sobre todos los presentes. La emanación espiritual entra en el aura en la medida y forma que sea necesaria, según los colores y los niveles de desarrollo.

Esta entrega de poder no tiene origen en el Maestro. La fuente verdadera es el Templo de los Maestros Instructores Superiores, y el oficiante es el canal de sus fuerzas extraordinarias. Resulta difícil describir el efecto astral de este servicio.

El aura del Maestro se convierte en un gran mar de luz carmesí que baña con sus olas a toda la asamblea. Los candidatos proyectan sus rayos personales mediante llamaradas y lenguas de color que penetran en el profundo mar carmesí.

La imagen es maravillosa. Al final, el aura acaba conteniendo a toda la asamblea, todos los individuos absorben el poder.

Después de cierto tiempo, cuando el Maestro juzga que todas las condiciones están sintonizadas en la misma vibración, cambia el flujo de fuerza y concentra su aura en una forma esférica pequeña colocada sobre una gran columna. Entonces, levanta las manos sobre los candidatos para recibir las afecciones y aspiraciones de cada uno. El Maestro absorbe esos rayos de amor y deseo espiritual y los convierte en la columna de colores suntuosos, como una fuente iridiscente. De allí fluyen a los Seres Supremos de los planos espirituales superiores, hasta que alcanzan al Gran Uno, el Logos Supremo.

La respuesta de lo Alto no se hace esperar. La Luz del Logos brilla durante un momento. Se ilumina como una estrella fugaz en una noche de invierno y desciende por los planos hasta que llega el Maestro, que espera en el estrado. Éste baja las manos y las extiende sobre la asamblea. El Templo, enmudecido, se llena con una cascada de esplendor divino; un mar de colores baña la silenciosa sala mientras que el aura de cada individuo recoge el poder y la gloria, el mensaje divino de amor y bendición. El efecto inmediato de este acceso de poder divino es que cada candidato se da cuenta inmediatamente de la esencia divina que hay dentro de sí, de sus capacidades divinas innatas y de su conexión con la Vida de Dios.

Al mismo tiempo, los presentes se cargan de su fuerza divina, capacitándose para ayudar a sus compañeros humanos. Las personas sencillas son conscientes de la radiación que emana del templo astral. Cada servicio cultiva ideales curativos y beneficiosos que absorben numerosas personas, y son empleados por gran cantidad de curanderos espirituales de todo el mundo. Del mismo modo que la energía atómica es capaz de causar grandes destrozos, la energía divina que inunda la Tierra deja otra radiación constante de amor y salud sobre todo aquel que se encuentra en armonía con el Dios Eterno.

PARTE II

Guía de curación por el
color

Capítulo I

Los Rayos Cósmicos Curativos

L a naturaleza nos ha proporcionado siete Rayos de Color principales para la curación. Estos son los representantes de la Radiación Cósmica pura; en esencia, son fuerzas espirituales que fluyen alrededor de la Tierra.

Como se explicará en los capítulos siguientes, las vibraciones cromáticas actúan sobre los chakras o centros cósmicos del cuerpo. El principio que rige la curación por color es la regulación del flujo de fuerzas cromáticas, para que la mente pueda absorber los rayos que sean necesarios. Estos han de usarse para el propósito específico de reconstrucción, mejora y revitalización de los órganos del cuerpo a través de su homónimo etérico.

El color actúa directamente sobre la mente subconsciente, incluyendo la salud, la vitalidad y la armonía de la vida. Gracias a la práctica regular y sistematizada, el Sistema Cósmico de Color funcionará en su mente, mejorando su salud y percepción.

El Rayo 1 es el Rayo Cósmico Rojo

Este rayo se encuentra en el polo cálido del espectro, por eso su naturaleza es estimulante y cálida. El poder del rojo para animar la presión arterial lo ilustran los medicamentos que pertenecen al grupo rojo, y los casos de curación gracias a una lámpara de este color.

En el cuerpo humano controla el chakra de la base de la espina dorsal y ejerce una gran influencia sobre la salud y la vitalidad general. Cuando llegan al chakra, los rayos provocan una descarga de adrenalina en la sangre. La luz roja aumenta la cantidad de hemoglobina y acelera la circulación, elevando la temperatura del cuerpo. El rojo es, sin duda, el antídoto natural de las situaciones tristes y frías, a las que contrarresta. Los alimentos que lo aportan son: la remolacha, el rábano, la col lombarda, el berro, las espinacas, las uvas y las ciruelas pasas, la cereza negra, la frambuesa y la grosella.

El efecto de este rayo en el sistema nervioso y mental es estimulante. Engendra vigor, valentía y entusiasmo. El mejor tono de su gama es el rosa, símbolo del amor universal, y su influencia, tanto física como mental, es recomendable.

El Rayo Rojo se puede aplicar en las enfermedades relacionadas con la sangre, la debilidad y la falta de riego, y también en los casos de depresión, miedo y preocupación obsesiva.

El Rayo 2 es el Rayo Cósmico Naranja

Este Rayo es muy importante porque está relacionado con la fuerza vital del Sol que entra en el cuerpo. Controla el chakra del bazo y se encarga de la absorción y distribución de la energía vital.

Los Rayos Naranja hacen sentir su influencia en el proceso de la digestión y la asimilación. El color es un tónico poderoso y tiene un efecto directo sobre la restitución de energía en el cuerpo.

Al encontrarse a mitad de camino entre los principios físicos y mentales, el naranja es vital para la comprensión y la visualización de las ideas. Es también un antídoto excelente para las represiones y las limitaciones, e infunde confianza en uno mismo y mentalidad positiva, por eso es valioso para la venta y la representación.

Como es una vibración especial, debe manejarse con cuidado para que no provoque excesiva euforia. Es recomendable en todos los casos combinar o modificar las vibraciones fuertes con otras de intensidad menor que estén en armonía con ellas; para esto los mejores son el azul, el amarillo y el verde.

El efecto del naranja sobre la mente favorece el optimismo, la valentía y los deseos de triunfo. El Rayo Naranja se utiliza principalmente en los tratamientos del bazo y del riñón y, además, contra la bronquitis y todo lo relacionado con el pecho y la debilidad.

El Rayo 3 es el Rayo Cósmico Amarillo

En la competición por el brillo y la luminosidad, el amarillo ocupa el primer lugar del espectro. Es el rayo más luminoso y su vibración magnética es positiva, con un efecto regenerador sobre el sistema nervioso. Tiene afinidades con el hígado y los intestinos, y su efecto sobre la piel es limpiador y curativo.

Es uno de los «Rayos de la Mente» y, ciertamente, estimula las facultades de ésta, ayudando a la creación del pensamiento y a la visualización.

Como cualquier color, desprende optimismo, alegría y da una visión de la vida muy equilibrada. Es excelente como pintura de pared para una habitación en la que se vayan a llevar a cabo trabajos intelectuales.

Se utiliza en los tratamientos de los órganos adyacentes al plexo solar y en las enfermedades de la piel y los nervios.

El Rayo 4 es el Rayo Cósmico Verde

El Rayo Verde ocupa el punto medio o de equilibrio del espectro solar. Está a mitad de camino entre los extremos cálido y frío o eléctrico del espectro. Es el rayo del equilibrio, la armonía y la concordia.

El color verde es el de la naturaleza y su radiación es relajante para los nervios y el funcionamiento adecuado del cuerpo. La filosofía del «pasto verde» y el aire fresco no es una fantasía poética, sino una necesidad imperiosa.

Este rayo controla el chakra del corazón. La razón de su poderosa influencia sobre la presión arterial y la circulación es que el verde se compone de azul y amarillo; el azul, que controla el ímpetu de la energía del amarillo. La luz verde nos ofrece la energía del Sol, que es la misma que en botánica se conoce como clorofila (prescrita por la medicina como remedio para las afecciones coronarias), de la manera más natural y segura. Irradia simpatía, amabilidad y paz, y está ligado a la abundancia, la evolución y los recursos. El verde es una de las mejores técnicas para los nervios. El tono o «croma» debe ser brillante y claro, aunque depende bastante de las preferencias personales.

El Rayo Verde se utiliza en el tratamiento de las dolencias del corazón y la sangre, siendo también muy útil para los nervios de la cabeza.

El Rayo 5 es el Rayo Cósmico Azul

El azul es el primer color de la división de los fríos no estimulantes del espectro. Su misión es la de equilibrar o rebajar la energía del grupo rojo-naranja-amarillo. Combate con éxito la fiebre, las hemorragias, las infecciones, las irritaciones nerviosas, etc.

Desde el punto de vista psicológico, la vibración azul lleva la conciencia al nivel del espíritu. Esta es la razón por la que este color es válido para la curación espiritual, la meditación, la devoción, etc. El Alma Cósmica o la Mente Superior de la Naturaleza expresa gran cantidad de la paz, la belleza y la armonía de la creación a través de los Rayos Verde y Azul. El que nos ocupa ahora posee un efecto calmante sobre la mente y los nervios, y se ha empleado con buenos resultados en los casos de insomnio.

La verdad, la paz, el aplomo y la serenidad son los rasgos definitorios de la influencia mental del Rayo Azul.

Está relacionado con el chakra de la garganta y se usa en los tratamientos de curación de los males de esta zona, además de la fiebre, el reumatismo y la jaqueca.

El Rayo 6 es el Rayo Cósmico Añil

El valor del Rayo Añil reside en su vibración astringente, purificadora y refrescante. Toma como base el centro glandular pineal, que regula las facultades y las fuerzas nerviosas, mentales y físicas del hombre. Los órganos de la vista, el oído y el olfato están bajo su influencia.

El Rayo Añil es uno de los métodos de anestesia más naturales y seguros porque provoca una situación de hipnosis en la que el paciente es insensible al dolor, pero al mismo tiempo es completamente consciente.

Este color es la base de la consciencia de las razas futuras. Su efecto estimulante y regenerador sobre la mente amplía la visión interior y abre nuevos campos al discernimiento y la consciencia. Cuando actúa sobre la personalidad y el carácter es el antídoto de las frustraciones, los complejos y las condiciones negativas.

Entre las dolencias que cura se pueden resaltar los desequilibrios mentales, las obsesiones, los desajustes nerviosos, el insomnio y los males de los ojos, los oídos y la nariz.

El Rayo 7 es el Rayo Cósmico Violeta

El violeta es la vibración de luz más elevada perceptible por el ojo humano. Posee propiedades electroquímicas y sus rayos estimulan el sistema nervioso. Inspira la mente descubriendo cualidades del alma: misticismo, intuición, idealismo, etc. Es útil para la recuperación del equilibrio mental y la serenidad que las prisas de la vida moderna hacen perder a la gente sensible. No es un color para las masas; atrae más a las personas con inclinación espiritual. Sus dos divisiones, el púrpura y el amatista, corresponden a los aspectos espiritual y material.

La absorción de luz púrpura o violeta durante un rato cada noche será una ayuda incalculable para los que tienen que utilizar el razonamiento en su trabajo, y permitirá conciliar el sueño con más facilidad.

El Rayo Violeta está relacionado con el chakra del cerebro o glándula pituitaria, que se encarga de la facultad intuitiva espiritual. Este color ayuda al desarrollo de la conciencia del espíritu, la clarividencia, la sensibilidad psíquica, la meditación y la concentración.

El violeta se utiliza en los tratamientos del cerebro, los nervios y la mente, la neurosis, la neuralgia, el reumatismo y la epilepsia.

Capítulo II

Los chakras y el
color

El término *chakra* es de origen hindú y significa literalmente «rueda de fuego». Se utiliza para nombrar los centros dinámicos de fuerza vital y consciencia que asimilan el prana y dan entrada a la energía cósmica en el cuerpo humano.

Los chakras son siete y cada uno recibe la influencia de un Rayo Cósmico. Junto con éstos, forman el siguiente sistema de color de los cuerpos físico y etéreo:

Chakra 1............ Rojo .... Parte posterior de la
                                        espina dorsal
Charka 2............ Naranja .... Zona del bazo
Chakra 3............ Amarillo....... Plexo solar

Chakra 4............ Verde............ Zona del corazón

Chakra 5............ Azul .... Zona de la garganta
(glándula tiroide)

Chakra 6............ Añil .... Glándula pineal

Chakra 7............ Violeta .... Cuerpo pituitario

Los clarividentes ven los chakras como vórtices con forma de campana en el cuerpo etéreo, la contrapartida vital del físico. Estos vórtices cortan la médula espinal en ciertos puntos.

Hemos visto que la energía solar es el origen de todas las formas de energía de nuestro universo. Los científicos han descubierto que en la luz del sol hay unas partículas que contienen una fuerza vital especial. Estas partículas reciben el nombre de glóbulos de vitalidad. Por su parte, los ocultistas de Oriente hace mucho que conocen su existencia, bajo la denominación de *prana*, que significa respiración o vida.

En el cuerpo humano el *prana* actúa de una forma diferente en cada individuo, y es asimilado de la atmósfera gracias a los chakras que, a su vez, también los distribuyen por todo el sistema. La energía vital del *prana* está presente en cada célula y cada molécula del cuerpo.

Hay que destacar que los chakras Rojo y Naranja, que gobiernan los aspectos físicos y etéricos del hombre, están muy relacionados entre sí y, a veces, son clasificados como uno solo.

El tamaño y la configuración de los chakras dependen del tipo de individuo y de su grado de desarrollo general.

Cuanto más elevada sea su evolución astral, mental y espiritual, más definidos serán éstos, y más perfectos sus colores. En pocas palabras, son los órganos etéreos que sienten y trabajan directamente con el cuerpo físico.

Los chakras son canales especiales de fuerza cromática. Cada uno absorbe una corriente especial de energía vital del entorno físico y de los niveles de consciencia superiores gracias a su Rayo de Color. Por ejemplo, el chakra Naranja se sumerge en el prana de la atmósfera física, es decir, en la luz del sol, con sus glóbulos de vitalidad. Más tarde, la energía vital del rayo Naranja es absorbida y distribuida por todas las partes del cuerpo.

Como la energía superior del prana se inhala por los pulmones, la actividad del Chakra Naranja está directamente emparentada con la respiración, su actividad se determina por el ritmo de la respiración, que aumenta la absorción de los glóbulos de vitalidad.

La respiración rítmica profunda es una gran ayuda. Nos permite acceder a una cantidad de *prana* físico mayor. El modo más recomendable es la Respiración del Color. Es el más vitalizante y estimulante, tonifica la mente y los nervios cansados.

En ella, el individuo visualiza las radiaciones vivificantes del color que se desprenden de la atmósfera y nos rodean. La forma más sencilla es sentado en una silla frente a una ventana abierta. Relaje lentamente el cuerpo mientras se inclina hacia delante, con los brazos muertos, y expulse todo el aire de los pulmones. Después, inspire lentamente y vuelva a la posición vertical, pensando siempre en el Chakra Añil (la glándula pineal de la frente). Aguante la respiración y cuente de uno a doce, sin prisa.

Con la práctica, la cuenta se volverá automática mientras la mente se dedica a pensar en el poder, la vida y la armonía que inunda todo su ser. Será bueno ejercitarse con el ritmo del Universo, visualizando el color que desee proyectar en el aura.

La gran ventaja de este simple ejercicio es que, a través de los chakras, recarga todo el cuerpo de vida y desarrolla el poder de percepción del Color Cósmico.

La ciencia oculta sostiene que la proporción de prana es mayor en la luz directa. También es cierto que la respiración rítmica de la luz de color aumenta el flujo de la vitalidad.

Treinta segundos de ejercicio pueden transformar un aura gris y apagada en azul intenso, reforzando las emanaciones y recuperándolas de una condición débil y lánguida, hasta hacer brillar los rayos de la salud y el poder.

Los chakras hacen notar su influencia en centros específicos de los diferentes planos. Cada uno es un canal de influencia de cualquiera de los centros psicológicos. De este modo, el Chakra Naranja del bazo influye sobre la naturaleza emocional o astral del hombre, igual que lo hace el Amarillo en mayor o menor grado. Hay que tener en cuenta que no hay dos individuos idénticos.

Las influencias psicológicas varían extremadamente, y la actividad de los chakras no se centra exclusivamente en un punto, sino que es extrapolable.

Hablando con rigor, el Chakra Amarillo (el plexo solar) es un centro de la mente inferior (objetiva, material) y también tiene que ver con las influencias emocionales. El amarillo dorado es el color de la inteligencia en sus fases o aspectos superiores. El Chakra Verde (corazón) registra los impulsos de la mente superior (los aspectos subjetivos y abstractos) y también las emociones elevadas, como son la simpatía y la compasión.

El Chakra Azul (la garganta) es la puerta del aspecto espiritual del hombre. Es el centro del instinto religioso, la naturaleza devota y la mística. Cuando trabaja en armonía con los Chakras Rojo y Amarillo, el cuerpo y la mente se llenan de paz. Es la región del cuerpo causal, la razón principal de su forma de vida actual.

Los dos chakras superiores son sobrerracionales y trascendentales. Su actividad total se da sólo en los iniciados y en las almas muy evolucionadas.

El Chakra Añil precede todos los fenómenos del alma, sensibilidad, percepción del color, intuición espiritual, clarividencia, curación, etc. Es el centro clave de la glándula pineal. A su lado, y como una verdadera extensión de sí mismo, encontramos el Chakra Violeta de la cabeza, el santuario del espíritu y la puerta de las influencias superiores del hombre. Su contrapartida física es el cuerpo pituitario.

Capítulo III

Métodos de tratamiento por color

Terapia de color: radiación de lámpara

Una de las mejores formas de usar el color en el tratamiento de enfermedades o en la reconstitución de la salud es el empleo de aparatos simples, como pueden ser lámparas eléctricas de color o cristales tintados. Esto último es más difícil de encontrar, pero las lámparas son muy abundantes y las hay que incluso proyectan los Siete Rayos.

Sea cual sea el tipo de proyector de luz que se utilice, el principio a aplicar es el mismo. Los tratamientos por rayos se aplican de dos formas principales: por difusión o por concentración. En el caso de la difusión, los rayos se proyectan sobre todo el cuerpo, especialmente la espalda, la médula espinal y el sistema nervioso. Este método es excelente para recargar las células de los nervios cansados. El paciente puede sentarse o tumbarse, siempre de forma relajada, con el torso desnudo. El baño de luz blanca debe exceder de treinta minutos. El magnetismo radiante (otro método de curación) es un buen auxiliar de difusión.

En el método por concentración los rayos se proyectan sólo sobre la parte afectada. El gran valor de la terapia por color reside en la capacidad de penetración de la luz y el color, que actúa directamente sobre el protoplasma del cuerpo; la velocidad y el poder de las reacciones químicas dependen del estado biológico del organismo.

La radiación sigue siendo un campo poco conocido y las posibilidades de penetración de ciertos rayos cósmicos son, si cabe, más maravillosas. Los Rayos Cósmicos caen sobre la Tierra en una lluvia continua desde el espacio exterior, y contienen partículas cargadas de gran cantidad de energía. Su poder de penetración es tan grande que se han detectado rayos cósmicos en minas, a 1.000 metros de profundidad.

La forma en que la luz entra e influye en el cuerpo humano es difícil de comprender. Desde un punto de vista, la entrada en las células se produce en un proceso de ósmosis. Desde otro, más favorable, la luz y el color llegan al cuerpo desprendiendo unas vibraciones positivas que influyen en él. En otras palabras, la luz y el color llevan a cabo su labor siguiendo la Ley de Atracción.

Al estudiar la naturaleza de la luz es importante recordar que todas las radiaciones emitidas por un cuerpo luminoso viajan por el espacio con una vibración rítmica que adquiere la forma de ondas. La distancia entre cresta y cresta se llama longitud de onda y su rango de vibración se conoce como frecuencia. Los colores tienen longitud de onda variable. Por ejemplo, la del violeta es muy corta y la del rojo es mucho mayor. Estos factores son muy importantes en el tratamiento de las enfermedades. La radiación profunda, lenta y cálida del rojo estimula y revigoriza el sistema humano, mientras que las ondas más cortas y frías del violeta y el azul producen calma y tranquilidad.

Como hemos dicho ya, las ondas de luz proyectadas por el espacio llevan un cierto ritmo, una vibración cromática de materia etérea. Cuando la luz y el color chocan contra una superficie, las partículas homogéneas se lanzan en una vibración favorable a la corriente que llega. El resultado es que el organismo se revitaliza y se recarga. En caso de que las partículas del cuerpo no sean conductoras, o su rango de vibración sea diferente, o bien si la corriente es demasiado fuerte, se dará una reacción anormal que puede producir daños y desperfectos de envergadura. Es importante que el terapeuta conozca la naturaleza de la luz o el color con el que está trabajando, su calidad, cantidad e intensidad.

Esta forma de curación trata de provocar una serie de reacciones moleculares en el organismo, o en los centros vitales, por medio de los rayos. La luz, no lo olvidemos, no es una fuerza o energía ajena a nosotros. Está dentro de cada célula, nervio y tejido del cuerpo. La naturaleza nos ha regalado esta forma maravillosa de energía, que es la base de la vida, para mantener la mente y el cuerpo perfectamente saludables.

Respiración del color

Igual que las radiaciones invisibles del Sol y de los Rayos Cósmicos nos rodean por todos lados, el aire que respiramos está cargado con las fuerzas de la luz y el color. La energía vital o prana, como lo llaman los hindúes, es la fuerza que imparte y mantiene la vida. Se extrae de los alimentos que comemos, del agua que bebemos y, sobre todo, del aire que respiramos. Cuando nos cargamos bien de él, disfrutamos de buena salud y vitalidad.

Eso que llamamos «aire puro» es algo más que oxígeno mezclado con otros ingredientes químicos. Contiene radiaciones del sol, de las estrellas lejanas y de los planetas, además de las de la propia Tierra. El aire es el vehículo externo del prana y de otras fuerzas. El terapeuta del color debe practicar la respiración rítmica visualizando los rayos y absorbiéndolos para su cuerpo y sus principios internos. También tiene que enseñar a sus pacientes a hacer afirmaciones simples sobre los rayos que caen sobre ellos, además de la técnica de la respiración del color.

El siguiente ejercicio le parecerá bastante útil y beneficioso:

Siéntese en una silla cómoda frente a una ventana abierta. Cierre los ojos y, cuando haya visualizado con la mente el color deseado, tras unos minutos, agáchese y expulse todo el aire de los pulmones y el estómago, dejando el cuerpo lo más inerte posible. Todos los músculos tienen que estar relajados para que los miembros se suelten y usted se olvide de ellos. A continuación, tome una bocanada de aire que acompañará al cuerpo mientras se incorpora a la posición original. Cuente de uno a ocho para levantarse; posteriormente, deje transcurrir otros ocho segundos antes de expulsar el aire y, pasado este tiempo, expúlselo en el mismo plazo de tiempo.

El momento ideal para realizar el ejercicio es inmediatamente antes de desayunar, o bien después de cenar. No es recomendable dejarlo para última hora durante el primer mes, porque su efecto estimulante y el incremento de la fuerza vital requieren cierto tiempo para acostumbrarse. Cuando se practica el ejercicio, es importante ser consciente del influjo de los rayos revitalizantes en el cuerpo para cargarlo todo de energía cósmica. La respiración controlada no sólo incrementa las vibraciones del cuerpo, también nos une subjetivamente con la Consciencia Universal.

Los siete rayos deben ser respirados en función de la necesidad específica que de ellos se tenga. Es bueno recordar que los tres primeros (rojo, naranja y amarillo) son magnéticos, y hay que visualizarlos fluyendo de la tierra al plexo solar. Los tres últimos (azul, añil y violeta) son, en cambio, eléctricos, y deben ser respirados desde el éter hacia abajo. Por último, el Rayo Verde, el equilibrio del espectro, entra al sistema de forma horizontal.

Magnetismo radiante

Muchos científicos que han estudiado las fuerzas invisibles del sistema humano han llegado a la conclusión de que el cuerpo se parece a un imán. Reichonbach, los doctores Kilnor, Daraduc, Dabbit, etc., hablan de las emanaciones luminosas que salen de las yemas de los dedos de los curanderos y videntes. Realmente, las manos son la fuente de curación magnética más importante y son los canales de los Siete Rayos.

Estas son las palabras del Dr. Gregory, autor del libro *Magnetismo animal*:

«El cuerpo humano parece poseer y producir la misma influencia y los mismos efectos que un imán. Ya he hablado de la luz que se ve en las yemas de los dedos del operador. Cada mano es un polo opuesto y la cabeza, los ojos y la boca también son focos donde se concentran los poderes del aura».

La mano derecha, o positiva, se utiliza para transmitir vibraciones curativas al enfermo. La izquierda, o negativa, cierra el circuito y saca las vibraciones negativas fuera del enfermo.

El valor de las manos en la curación lo expresa espléndidamente el Dr. Coatos en su obra *Magnetismo humano*:

«El hombre utiliza las manos instintivamente para aliviar el dolor y curar la enfermedad. Tanto si se aplica a uno mismo como si es a otros, el proceso es totalmente natural. Lo primero que hace una persona que sufre un calambre en el estómago, el costado o en cualquier miembro, es llevarse la mano a la zona afectada para eliminar la molestia, dándose una especie de masaje. En los dolores de cabeza y de muelas la aplicación involuntaria de la mano es también muy frecuente. Este reflejo es hereditario o instintivo, hasta tal punto que puedo decir, a pesar de los escépticos, que he visto llevarse las manos a la cabeza a una enferma que padecía un dolor de cabeza, buscando alivio y como, al parecer, no lo encontraba, vi cómo pedía a otra persona más sana que pusiera sus manos en la parte afectada para ayudarle a curar su mal».

Este médico ha conseguido hacer dormir a personas que padecían de insomnio tan sólo con la imposición de sus manos sobre la frente.

«La mano alivió el dolor e hizo dormir. Por tanto, a través de ella se le dio al paciente algo de lo que estaba necesitado; algo que, afortunadamente, yo le pude dar».

(Página 11, *Magnetismo humano*)

El terapeuta experimentado puede dirigir con sus manos la corriente de color que quiera. Por norma general, la mano derecha debe ser colocada sobre el plexo solar, mientras la izquierda se posa sobre el chakra o centro glandular que precise el tratamiento.

El plexo solar es un centro nervioso importante y ejerce una gran influencia sobre la salud. La aplicación de la mano positiva sobre él hace que el rayo curativo irradie sus poderes por todo el sistema nervo-vital del cuerpo, hasta llegar a la zona donde está impuesta la izquierda, que cierra el circuito. Cuando el terapeuta siente que esto ha ocurrido, retira la mano izquierda y deja fluir la vibración del color de la mano derecha sobre el paciente. Esta situación provoca un flujo de magnetismo cromático que se materializa en una sensación similar a la de una corriente eléctrica suave. Por último, después de dejar descansar los dedos unos segundos, procederá a tocar la espina dorsal de punta a punta durante cinco minutos.

El tratamiento debe administrarse con las manos calientes. En caso contrario, habría que calentarlas frotándolas antes de tocar al paciente. Los ojos de éste deben estar cerrados todo el tiempo, y la mente y el cuerpo relajados.

Transmisión de color

Para recibir este tratamiento, el paciente ha de sentarse en una silla, profundamente relajado y con los ojos cerrados. Por su parte, el terapeuta debe concentrarse en el color que quiera transmitir, repitiendo mentalmente frases como las siguientes: «Devolveré el color y la salud a mi paciente» o «voy a librarle del dolor. Le transmitiré tal o cual color para devolver la armonía a su sistema nervioso».

Una vez concentrado, levantará las manos con los dedos cerrados y, tras hacer un arco con ellas, las colocará sobre la cabeza del paciente con los dedos extendidos y juntos, a la altura de la frente. Seguidamente, irá desplegándolas lentamente para tocar la cara, el pecho, el abdomen, las rodillas, etc., durante treinta segundos. El cuerpo del terapeuta tiene que agacharse siguiendo las manos. Después de la palpación hay que agitar las manos para desprenderse de las vibraciones negativas y cerrar de nuevo los dedos para repetir el proceso. El tratamiento debe durar cinco minutos.

Este proceso es ideal para transmitir vibraciones cromáticas cuando no disponemos de ningún aparato. Recuerde que los Rayos Rojo y Naranja aumentan la vitalidad, los Amarillos recargan la energía de los nervios, los Verdes suavizan y dan vigor, y los Azules calman e inspiran la espiritualidad, poniendo en funcionamiento la consciencia superior.

Las manos son los únicos instrumentos necesarios para este método de transmisión de color a un paciente. De cualquier modo, es necesario siempre el uso de ambas.

Tejidos cargados de color

Cuando el paciente que se está tratando vive lejos y no puede ser atendido como es debido, es una gran ayuda mandarle un trozo de tela polarizada por el rayo que convenga. Busque una pieza de seda o de otro tejido de color del tamaño aproximado de una tarjeta postal y rocíelo con agua por ambos lados. Téngalo entre las palmas de las manos durante unos minutos y concéntrese, deseando intensamente que la tela absorba los rayos de color para que puedan ser transmitidos al paciente. Mándelo envuelto en un papel limpio e indique al destinatario que debe ponérselo en la parte del cuerpo que requiera el tratamiento. Nadie más que él puede tocar la tela magnetizada.

En relación a los objetos magnetizados, el Dr. Babbitt ha hecho la siguiente declaración:

«Si doy dos o tres golpecitos a un tejido o a un papel lo lanzo al aire junto a un muro cuando el tiempo es frío y el aire está electrificado, éste se pegará a la pared y no caerá hasta pasadas unas horas e incluso días. Un solo golpe puede magnetizar cualquier tela para que atraiga todo lo que le rodea e, incluso, repela otros tejidos que no se hayan magnetizado mediante el mismo sistema. Cientos de personas pueden hacerlo, y la mayoría mejor que yo».

Agua magnetizada

Otro método similar y muy eficaz es el agua magnetizada o cargada por un rayo. Tome un vaso y llénelo de agua fría. Sujételo con la mano izquierda y sitúe la derecha por encima, con los dedos, incluyendo el pulgar, apuntando al líquido, pero sin tocarlo. Concéntrese en el color que quiera comunicar. Cinco minutos serán suficientes para cargar el vaso de su vibración cromática. El paciente deberá beber pequeñas dosis cada media hora el primer día, cada hora el segundo y tres veces al día para cerrar el tratamiento.

Será interesante como experimento presentar al paciente dos vasos: uno cargado y otro no, para que elija. Parece ser que el agua magnetizada tiene un sabor ligeramente metálico.

Soplos calientes

Este método de curación es muy antiguo. Se basa en la fuerza vital que encierra la respiración y que ya se ha comentado anteriormente. Teniendo en cuenta que la boca es un foco de magnetismo y de radiación de color, no es difícil creer que el terapeuta experimentado sea capaz de transmitir fuerza curativa con el aliento. Los soplos de calor se realizan respirando sobre un trozo de franela que se ha colocado en el área afectada. El terapeuta sitúa la boca sobre la tela y sopla con fuerza, provocando vibraciones de color que se hacen sentir en la zona. Este método es eficaz para aliviar los dolores nerviosos de la cabeza, las neuralgias y el reumatismo o cualquier tipo de dolor intenso.

El estreñimiento crónico también responde favorablemente ante este tratamiento. Ponga una pieza cuadrada de franela de aproximadamente tres centímetros sobre la zona del plexo solar. Agáchese y sitúe la mano izquierda en la región lumbar del paciente, para que éste descanse sobre ella. En esta posición, respire sobre la franela, inhalando el aire por las fosas nasales. La radiación magnética no tardará en hacer su efecto sobre la acción peristáltica del estómago y acabará con el estreñimiento, aunque sea una dolencia de muchos años.

Alimentos solarizados

Una de las mejores formas de absorción de color es la ingestión controlada de verduras, frutas y líquidos que hayan sido cargados por el Sol. La fruta y la verdura son el resultado directo de la radiación solar. El terapeuta del color debe conocer los diferentes grupos de vegetales para clasificarlos según el rayo al que pertenezcan.

Toda persona necesita absorber constantemente la energía de su rayo específico. Así, las personas polarizadas por el Rayo Naranja, que son propensas a sufrir de los nervios, el riñón y el bazo, tienen que comer frutas y verduras cargadas por esta radiación, como son la zanahoria, el nabo, la naranja y el melocotón. No obstante, el zumo de estos alimentos es igualmente válido.

En lo relacionado con la alimentación, hemos de buscar productos de primera calidad que contengan la mayor cantidad posible de Energía Cósmica Solar, olvidándonos de las grasas.

Cuencos y jarras curativas

Este método de curación ya lo practicaban los egipcios, y está dirigido a aquellos que no desprecian las enseñanzas del pasado. Los misteriosos habitantes de la cuenca del Nilo adoraban al Sol como deidad y creían en el poder regenerador de la salud de su radiación. Los sacerdotes ofrecían al dios Ra (nombre que recibía el Sol) el zumo de ciertas frutas en cuencos con la intención de cargarlos con su energía. En ocasiones incrustaban joyas del mismo color del contenido de la pieza a fin de potenciar su efecto.

Hoy en día algunos curanderos siguen el mismo sistema, pero con jarras de cristal del color de la fruta o del rayo que se trate.

Capítulo IV

Curación mental
y curación
a distancia

E l uso del color en el Sistema Cósmico de curación suele combinarse con la fuerza de la Mente. El factor mental en la salud y la enfermedad es, por otro lado, un hecho ampliamente reconocido. El verdadero curandero del color distingue varios niveles de consciencia, que son: el etéreo, el mental, el causal y el espiritual, y todos ellos contribuyen al estado final de la consciencia física.

El curandero del color sabe que las fuerzas infinitas del espíritu que se manifiestan en la Luz Blanca, llegan a cada individuo gracias al aura magnética. La armonía y el bienestar personal dependen del grado de correspondencia que se dé entre el aura y el influjo divino. Los casos de desequilibrios

espirituales, emocionales o etéreos que se reflejan en la personalidad de formas diversas (tensiones nerviosas, amargu-
ra, resentimiento, frustración, odio, complejos mentales,
etc.), se dan cuando el influjo divino de Amor, Salud y
Armonía no es capaz de llegar al centro del ser del hombre.
Los pensamientos erróneos, las malas vibraciones o las
acciones equivocadas no se lo permiten. Por decirlo de alguna manera, el mal y las conjeturas equivocadas, aparte de
otros factores, dan lugar a esas situaciones.

Igual que la raíz de la planta que no llega a ver la luz se
convierte en un organismo apagado y subdesarrollado, el
individuo que es privado de la Luz Blanca del Espíritu,
enferma y se hace imperfecto, víctima de la falsedad y la
perversión de su propia mente.

La característica principal de la mente verdadera o de
la inteligencia es la responsabilidad y el reconocimiento. La
acción evolutiva de la Mente Cósmica o Universal que ha
desembocado en el nivel actual del hombre, ha sido desarrollada por una inteligencia continua y responsable, que ha
sabido responder a todas las necesidades y ajustes que han
sido precisos.

El curandero del color debe reconocer una inteligencia
universal que lo empapa todo y que está oculta bajo su naturaleza, dispuesta a entrar en acción cuando sea necesaria.

El tratamiento del color se basa en el principio de que
toda curación no es más que un cambio de actitud mental o
de creencia.

La mente subconsciente o subjetiva encierra la facultad creativa del hombre y es capaz de «materializar» todo aquello que la mente consciente le proponga. Esta última, que es el vehículo de la inteligencia, le presenta sus pensamientos e ideas, que son la expresión de las creencias humanas. De este modo, el yo subconsciente se convierte en la manifestación de nuestras opiniones.

La intención primera de la curación es la anulación de las conciencias y creencias que han sido concebidas desde un punto de vista equivocado. Con mucha frecuencia, los estados de consciencia que se reflejan en el exterior como enfermedad o malestar son problemas importantes que, por error, se han considerado secundarios.

En realidad, la causa de estos fenómenos sólo puede ser una: o la mente consciente o la mente subconsciente. La mente subconsciente es tan primitiva, básica y elemental, y sus raíces están tan enterradas dentro del ser, que es difícil de comprender. Pertenece al plano de lo absoluto, y no conoce las limitaciones del tiempo y el espacio que cuadriculan las actividades de la mente consciente o inteligente.

El concepto de ser absoluto o incondicionado va unido a la idea del espíritu puro vivo, libre de todo tipo de condicionamiento y, por tanto, sin posibilidad de enfermar. Este concepto mental es el que hay que grabar en la mente subconsciente del paciente para que lo exteriorice.

La aplicación práctica, en cambio, no resulta tan sencilla debido a que la mayoría de la gente, en su ignorancia, piensa que el malestar es una entidad sustancial, una realidad en sí misma y, por supuesto, lo tratan como si fuese una causa primera, en vez de una simple consecuencia negativa, resultado de un verdadero problema de conciencia. En muchos casos, una vez conseguida la mejora, suelen reaparecer los viejos síntomas. Esto ocurre porque el color no ha conseguido calar completamente en el subconsciente. Este tipo de tratamiento y, en general, toda la aplicación de la ciencia del color, ayuda a crear en la mente subconsciente una actitud positiva que, a la larga, se materializa en la curación total.

En el aspecto mental de la curación, el terapeuta sustituye su propia mente consciente por la del paciente, con la intención de grabar en ella la idea de salud perfecta, aplicando los colores que sean necesarios.

En este punto nos asalta una pregunta: «¿Cómo puede cambiar el terapeuta su mente consciente por la del enfermo?». Lo más indicado es pedirle al paciente que deje su mente en una actitud receptiva (que no es lo mismo que dejarla en blanco) e intente romper la barrera de su propia personalidad con la voluntad, para permitir la entrada a la fuerza del pensamiento del terapeuta. Éste adopta la misma actitud, pero en el sentido contrario: mientras el paciente abre la barrera de su personalidad para que el poder entre en él, el curandero lo hace para que salga.

La verdadera curación es un emparejamiento entre el curador y el curado. El abandono de la personalidad por parte de ambos da como resultado una situación que se conoce como contacto o «rapport», que tiene lugar cuando las Fuerzas Cósmicas se polarizan siguiendo la Ley Universal de la Naturaleza. Las fuerzas benignas de la luz y el color dan lo mejor de sí cuando han desaparecido los problemas de la personalidad y reina la armonía, la situación es parecida a la diferencia de idioma entre nacionalidades. En ese momento, el terapeuta podrá sumergirse en el yo subconsciente del paciente, como si del suyo propio se tratase. Si concentra la mente en el malestar, accederá a la consciencia de una personalidad separada, que es la antítesis del verdadero espíritu. En cambio, si imagina que va a introducirse en un espíritu puro, entrará en contacto con lo más interno de su ser.

El terapeuta tiene que prescindir de sus ideas formadas en la contemplación de los síntomas y los aspectos físico-personales y debe pensar que está tratando a un ser espiritual compuesto de luz pura, libre de condicionamientos y capaz de exteriorizar las cualidades espirituales que lleva dentro.

Cuando este concepto esté completamente asumido, podrá extrapolarlo a los cuerpos físico y etéreo, que representan la vitalidad espiritual interna. Esta forma de pensar se forja en la mente del terapeuta para transmitirla a la del paciente. El resultado de todo este proceso será el descubrimiento por parte del enfermo de su propio poder vital y curativo. Por su parte, la mente subconsciente, ayudada por los Rayos de Color, manifestará en el exterior las ideas que le han presentado. La condición negativa de la enfermedad dará paso a un nuevo estado de salud.

Se puede comprobar que, en todo lo expuesto, no hay intento alguno de dominio o de hipnosis de la mente del paciente. Lo único que se intenta es activar y potenciar sus recuerdos propios en compañía, armonía y cooperación. Para conseguirlo es muy importante conocer a fondo los principios de la curación espiritual por el color. De todos modos, habrá situaciones en las que no sea posible. Habrá personas cuyos prejuicios, escepticismos, resentimientos o apegos lo impidan. En esos casos, el método alternativo de curación a distancia será el indicado.

Al ser los Rayos Curativos algo universal y omnipresente, el poder de la mente subconsciente o la consciencia suprema sobre los sentidos no tiene límite, ni en el tiempo ni en el espacio. De ahí que no sea necesario que el terapeuta y el paciente se encuentren juntos.

La visualización mental de los colores es la esencia de la curación a distancia. En un momento anterior a la intervención, el curandero tiene que entrar en su Santuario del Color y postrarse ante el Altar dedicado a la transmisión y sintonización mental de los Rayos de Color. Allí, con una carta del paciente en una mano, intentará impresionar su mente con el nombre y la dirección, repitiéndolos varias veces. De este modo conseguirá representar los síntomas o las dolencias que tenga que tratar. A continuación, aplicará la siguiente fórmula: «Estoy proyectando el Rayo Naranja de la Vitalidad sobre tal o cual persona y pido al Poder Cósmico que me ayude a regenerar la salud y la armonía en su existencia. Que las fuerzas latentes de la Luz Blanca del

Espíritu acaben con las condiciones negativas. Dirijo los Rayos Cósmicos curativos hacia su aura para que lo revitalicen y eliminen las causas de su afección». Al acabar, repetirá de nuevo el nombre del paciente para que su propia aura irradie los colores que desee enviarle.

No es necesario dedicar demasiado tiempo a cada paciente; tres o cuatro minutos son suficientes. Por su parte, el enfermo debe mantener una actitud pasiva y receptiva durante una hora, con la intención de que su sistema debilitado pueda absorber las vibraciones cósmicas curativas.

Aunque el tratamiento está indicado para el plano mental-espiritual, es recomendable la utilización de una lámpara de color. Su presencia animará las vibraciones físicas y creará un ambiente propicio.

De todo lo anterior se puede deducir que es importante que el paciente sepa en qué momento se va a ejecutar la curación, para relajarse y poner la mente en una situación receptiva. Pero, de todos modos, también es posible la aplicación de la terapia sin que tenga conocimiento de ello, este caso se da a diario. Los Rayos Curativos pueden beneficiar a personas que no los esperan, del mismo modo que la telepatía es capaz de impresionar la mente sin previo aviso. Eso sí, siempre que se dé un clima de cooperación entre ambas caras de la moneda, los resultados serán más satisfactorios.

Durante la noche, la transmisión de vibraciones también puede servir de gran ayuda. Si padece algún dolor o tiene problemas, puede aliviarlos mandando su radiación a algún amigo; contra el insomnio, los rayos tranquilizarán la mente, restaurarán el equilibrio nervioso e inundarán todo el sistema de armonía; cuando se despierte sobresaltado, recobrará el descanso irradiando sus vibraciones sobre algún paciente.

El hilo de comunicación entre el paciente y el terapeuta tiene que ser el correo. Una carta transmite algo más que las líneas que lleva escritas, viaja cargada del magnetismo vital y las radiaciones del aura del escritor. Lo más indicado es que el paciente envíe cada cierto tiempo una misiva, que el terapeuta responderá con rapidez, para indicar su estado de salud. Siempre será una carta original y no una copia.

Por último, recordemos las palabras del Maestro Espiritual al estudiante de las terapias del color:

«El tratamiento mental por color es una actividad bella y poderosa para los planos elevados y, además, su beneficio revierte tanto en el curado como en el curador».

Índice